金融成长与产业成长内在机理研究

——基于中外金融与产业成长历史视角的比较

史恩义　著

哈爾濱工業大學出版社

内容简介

随着全球性金融危机的爆发，金融成长与产业成长匹配关系及其内在模式成为人们讨论的重要课题。本书以此为视角，探索金融成长与产业成长的内在机理，试图找到突破中国产业成长约束瓶颈的有效途径，为中国的金融成长提供理论参考和决策依据。全书共8章，主要包括典型国家金融与产业成长的历史比较、金融成长与产业成长内在机理、中国金融与产业成长历史演进、中国金融与产业成长关系——实证分析及中外比较、基于产业成长金融化趋势下的发展对策构想、政府行为在金融与产业成长中的契合点和突破点等内容。

本书具有前沿性和应用性等特点，可作为高等院校金融学、经济学、管理学等专业参考书，也可供政府决策机构、金融证券公司等金融管理与服务部门参考。

图书在版编目(CIP)数据

金融成长与产业成长内在机理研究：基于中外金融与产业成长历史视角的比较/史恩义著．—哈尔滨：哈尔滨工业大学出版社，2011.6

ISBN 978-7-5603-3242-0

Ⅰ．①金… Ⅱ．①史… Ⅲ．①金融业—经济发展—研究 Ⅳ．①F83

中国版本图书馆 CIP 数据核字(2011)第 038395 号

责任编辑 田新华
封面设计 刘长友
出版发行 哈尔滨工业大学出版社
社　　址 哈尔滨市南岗区复华四道街 10 号　邮编 150006
传　　真 0451-86414749
网　　址 http://hitpress.hit.edu.cn
印　　刷 哈尔滨市石桥印务有限公司
开　　本 787mm×960mm　1/16　印张 13.5　字数 220 千字
版　　次 2011 年 6 月第 1 版　2011 年 6 月第 1 次印刷
书　　号 ISBN 978-7-5603-3242-0
定　　价 39.90 元

序　言

金融发展与产业成长的关系一直以来是国内外经济学界普遍关注的热点问题。前不久，美国著名的金融经济学家米什金教授出版了一本题为《下一轮伟大的全球化——金融全球化》的畅销书，就金融发展对各国经济发展、产业成长及社会福利增进的重要性作了深入浅出的论述，勾画了全球化时代金融发展与各国经济及社会发展的内在联系，为我们思考中国在融入全球化进程中的金融发展问题提供了新的分析视角。随着中国经济快速发展和经济规模的跃升，中国的发展对全球发展的影响力越来越大，因而，中国的发展模式无疑将越来越具有世界性，中国的金融发展与产业成长关系也无疑成为众多学者讨论的焦点。在相关的理论研究成果中，史恩义同志的《金融成长与产业成长内在机理研究》专著，从历史的视角寻找不同国家受其特殊历史背景约束所产生的不同的金融与产业成长演进路径，从不同模式中揭示金融成长与产业成长的内在机理，在此基础上，构建金融与产业成长关系模型并进行实证检验。同时，鉴于金融发展的外部性问题，该书对政府在金融和产业成长中的重要作用进行了深入分析，并进一步界定了政府在其中的契合点和突破点；对相应的金融发展对策提出了有价值的见解。

金融发展与产业成长的关系是一个长期的演进关系，因而，历史演进法是完整理解一国发展的最好方法。在现代世界史上，荷兰、美国、日本等在不同时期成长为世界大国，其良好健全的金融体系的形成无疑发挥了重要作用，金融的成长，反过来促进了现代产业的迅速成长。因此，在资源禀赋、技术进步、制度变迁等因素约束下，这些国家通过金融发展，并通过产融结合，在全国乃至全世界通过金融体系实现了金融成长资源的优化配置。同时作者对过度的金融优先发展模式也进行了历史考察，发现若金融成长远远脱离产业成长，经济过度虚拟化，则会导致金融危机，荷兰的衰落和美国的现实则是例证。

在金融与产业成长的内在机理分析中，作者指出，金融成长内生于产业成长，同时又是产业成长的重要推动力。但金融成长对产业成长的作用在不同阶段程度有所差异。当金融业逐渐衍生与附加了商品定价权和金融资产定价权，金融成长在一定程度上决定着产业成长。尤其是在全球化时代，当金融的全球化发展引导资源的全球化配置时，各国的金融发展政策就尤为重要。以美国为代表，其金融全球化对美国产业的全球化扩张起到了强大的推动作用，使得美国产业竞争力居于世界领先地位。因此，许多国家必须提前面对产业成长金融化问题。在这种背景下，一国应实行金融优先发展战略，积极寻求改善金融成长环境，保证金融成长，从而促进产业成长，提升国家竞争力。

自改革开放以来，中国的金融业得到快速发展。但总体而言，由金融约束到金融深化，中国均实行的是金融成长服从于产业成长的战略。计量分析表明，我国金融资本与产业资本匹配关系存在着严重的不协调关系，亟待通过金融深化进一步改善。在产业成长金融化的背景下，我国应实行金融优先发展战略。

鉴于中国特定的社会经济体制决定了政府在金融与产业成长中的重要作用，政府一方面可以借助于优先发展战略强力推进金融的快速成长，另一方面，也可能会由于过度的或者不正当的干预会严重影响金融发展效率。基于此，作者指出，政府作为国家代理者，应以实现社会全面发展和推进公共治理为其基本职能，因此，政府行为在金融与产业成长中的契合点在于政府收益最大化下的金融与产业成长，而突破点在于调整政府行为以使政府提供的制度适应金融与产业内生成长从而达到契合点。

总之，该书在吸取既有研究成果的基础上，以历史演进的方法，从理论上分析了金融成长与产业成长的内在机理并进行实证检验和中外比较，发现中国的优势和不足，从而指出中国应实行金融优先发展战略，并界定政府在金融成长与产业成长中的契合点和突破点。这一成果，对我们思考中国今后的改革和发展问题无疑会带来有益的启迪。我国的经济发展该到了应当十分重视金融市场体系配置资源的时代了！

西安交通大学教授，博士生导师

2011 年 1 月 19 日

摘　要

历史总是给人以启迪。荷兰、美国和日本等国家在不同的时期能够脱颖而出并迅速发展，同其金融和产业成长有着密切联系。金融体系的形成与成长对这些国家走向世界强国发挥了重要作用，促进了一批现代产业的迅速成长。由此，我们可以发现金融成长与产业成长之间存在某种互动性的内生关系。美国金融体系在二战后处于世界领先地位，促使美国处于产业竞争的前沿。20 世纪 90 年代末，美国金融成长远远超过了产业成长的内在需求，从而引发全球性金融危机。在这种背景下，金融成长与产业成长匹配关系及其内在模式成为人们讨论的重要课题。本书以此为视角，探索金融成长与产业成长的内在机理，找到突破中国产业成长约束瓶颈的有效途径，为中国的金融成长提供一定的理论参考和决策依据。

本书的创新之处：(1) 用历史比较的方法分析荷兰、美国、日本等典型国家金融与产业成长的演进路径。荷兰现代金融制度的建立推动了其国际贸易中心的确立；美国从产业资本主义走向金融资本主义，对世界各国尤其是发展中国家的产业成长构成威胁，促使美国处于产业竞争的前沿；日本实行金融服从于产业成长的赶超战略使日本迅速成为经济大国。(2) 借鉴罗默的劳动力市场搜寻和匹配关系思想，构建一个金融成长与产业成长匹配关系模型。在考察典型国家金融和产业成长历史的特殊性和共同性基础上，建立金融成长函数、产业成长函数和二者匹配关系函数，解释二者的资源配置关系、动态运行机制和长期稳态均衡关系。(3) 实证检验中国金融与产业成长的关系并进行中外比较。首先将金融与产业的规模和效率指标结合，利用主成分分析法创造新指标，并计算出我国各年度金融成长和各产业成长的综合得分，反映我国金融与产业的各自成长特性。在此基础上,量化分析金融成长与各产业以及整个产业成长的关系。其次,构建反映金融与产业成长匹配关系的指标,检验中国金融与产业成长的匹配关系。最后,对中外金融与产业成长关系进行相对指标比较,找出我国的优势和劣势。(4)发现政府行为在金融与产业成长中的契合点是政府收益最大化下的金融和产业成长;突破点是不断调整政府行为以使外部行为规制适应内生行为规制,从而达到契合点。

关 键 词:金融成长;产业成长;产业成长金融化;匹配关系;政府行为

ABSTRACT

History always gives people thoughts. Holland, the U. S. A and Japan have got the greatest performance in the world at their times. Their history of financial maturity and industrial maturity show us that these countries have become the strongest in the world because that the formation and growth of financial system have played a very important role and a number of modern industry have got rapid growth. Hence we find out that there is interaction between financial maturity and industrial maturity. The development of financial system of the U. S. A has been in a leading position after World War II. However, the financial maturity far exceeds the intrinsic demand of industrial maturity after 1990's, and this caused global financial crises. In view of that, this thesis tries to explore the endogeneous mechanism between financial maturity and industrial maturity so as to find out an effective path to relieve the depression on China's industrial maturity, and to offer some theoretical and decisional reference to China's financial maturity.

The innovative features of this thesis lie in the following aspects: (1) Analyzing the evolution path of financial and industrial maturity in the classical countries such as Holland, the U. S. A and Japan with the method of historical comparison. Modern financial system had promoted the establishment of Holland's international trade center; From industrial capitalism to financial capitalism, the U. S. A has posed a threat to the world especially to the developing countries, and is at the front of industrial competition; Japan has rapidly become a major economic power with the strategy of finance serving industrial maturity. (2) Setting up a theory frame of the endogeneous mechanism between financial maturity and industrial maturity on the thought of Romer's searching and matching model in labor market. Having inspected the speciality and commonality of the classical countries, the thesis establishes the functions of financial maturity, industrial maturity, matching relationship, and explains the relationship of resource allocation, dynamic interation and long-term equilibrium between financial maturity and industrial maturity. (3) The relationship between China's financial and industrial maturity is tested in practice and is compared with foreign countries. First, scale and effeiciency indications of finance and industry are combined to creat new indexes using SPSS and to get annually comprehensive indexes of financial maturity and industrial maturity. Then the study gets combining equations to test the relationship between them by individual and collective. Second, the thesis sets up the matching indexes to test in practice China's reality. Finally, it is compared with foreign countries with some comparative indexes to find out China's advantage and disadvantage. (4) Finding out that the government's reasonable interaction is to get financial and industrial maturity under government revenue maximization, then the break - point is to adjust governmental behavior to reach the reasonable interaction.

KEY WORDS: Financial maturity, Industrial maturity, The financialization of industrial maturity, Matching relationship, Governmental behavior

目　录

Contents

第1章 导 论

1.1 选题意图

“历史是至关重要的。它的重要性不仅在于我们向过去取经,而且还因为现在和未来是通过一个社会制度的连续性与过去连接起来的。今天和明天的选择是由过去决定的。”[1]在现代世界史上,荷兰、美国、日本等在不同的时期作为世界大国,其金融体系的形成与成长发挥了重要作用,促进了一批现代产业的迅速成长。美国的金融体系在二战后处于世界领先地位,促使美国处于产业竞争的前沿。但1990年后,金融成长远远超过了产业成长的内在需求,从而引发金融危机。在这种背景下,金融成长与产业成长匹配关系及其内在模式成为人们探讨的重要课题。基于此,本书选取荷兰、美国和日本的金融与产业成长历史为典范,以历史比较的方法探索金融成长与产业成长的内在机理,实证检验中国金融与产业成长关系并进行中外比较,寻求中国金融成长的路径与模式,加快中国产业成长,提高国家的国际竞争力。具体而言,本书的研究意义体现在:

(1)用历史比较的方法分析典型国家金融成长与产业成长的演进路径。回顾荷兰、美国、日本等国家发展历史,探讨在资源禀赋、技术进步、制度变迁等因素约束下,金融成长较快的国家,其产业迅速成长的原因。

(2)从理论上探索突破我国产业成长约束瓶颈的有效途径。随着经济快速发展,中国成为许多产业的主要生产国或消费国。然而中国却缺少对这些产业产品的定价权,甚至连人民币的期货交易也在国外首先挂牌交易,引起中国学者关于人民币定价权的争论。这些现象都表明中国在世界市场没有商品定价权和资产定价权。在金融全球化背景下,美国通过金融创新、银行业转向混业经营、巴塞尔资本协议以及美元特权地位已成功地转向金融资本主义，产业成长金融化已成为经济发展的重要特征。那么，对于我国而言，如何在产业成长金融化的背景下，通过金融成长保证和加快产业成长，提升国家竞争力呢？金融成长与产业成长内在机理的研究对我国的金融成长会提供一定的理论参考。

(3)量化分析我国金融与产业成长的关系并进行中外比较。现有研究多以某个或几个指标反映金融与产业成长，运用回归法分析二者的关系。本书将反映金融与产业成长的规模与效率指标结合，根据各指标的贡献度，利用主成分分析法创造新指标，反映金融与产业各自的成长特性。在此基础上，实证检验二者的互动关系以及二者的匹配关系。之后，对中外金融与产业成长关系进行相对指标比较，找出我国金融成长的优势和劣势。实证检验为我国金融成长提供一定的决策依据。

(4)探索政府行为在金融与产业成长中的契合点和突破点。政府在一国金融成长尤其是发展中国家的金融成长中应扮演什么样角色，国内外学者曾展开了热烈的讨论。麦金农和肖提出的金融深化论与赫尔曼、默克多和斯蒂格利茨提出的金融约束论分别从两方面论述和检验政府行为在金融成长中的作用，结论却相反，一方认为政府应减少干预，另一方认为政府应加强干预。随着中国经济持续稳定地发展，对外开放程度的进一步提高，作为经济发展推动力的金融业及其成长的模式对产业成长的影响引起学者的关注，自然涉及政府行为。2007年美国次贷危机引发美国政府对经济发展的全面干预更为引人关注，政府对金融与产业成长的干预成为世界性问题。这样，对政府行为在金融与产业成长中的契合点和突破点的界定，将有助于我国金融与产业的健康、持续成长。

1.2 相关研究文献综述

1.2.1 金融成长与产业成长关系研究

1. 金融与产业成长因果关系研究

雷蒙德·W·戈德史密斯[2]认为金融与以产业结构变动为特征的经济增长

间是互为因果的关系。金融发展通过提高储蓄、投资总水平和资金配置的效率推动产业结构调整。戈德史密斯还设定了金融相关率等指标判定一国金融成长水平，认为金融成长快于实体经济（产业）成长，而且一国金融相关比率的提高并不是无止境的，一旦到达一定的发展阶段，该比率就将趋于稳定。外国融资作为国内不足资金的补充或作为国内剩余资金的出路，在大多数国家的某个发展阶段都发挥了重大作用。如19世纪与铁路的兴建紧密结合，外国融资尤其是外国长期融资与国内融资之比曾经在全球范围内迅速提高。同时，戈德史密斯还指出，对于多数国家的金融成长，整体性“移植”会更加成功，但“移植”指的是此类技术方法与经验的引进，而各类金融工具与机构的重要地位是无法模拟的，只能由基本的经济因素来决定。

戈德史密斯对金融成长与产业成长关系的研究作出了巨大贡献。他明确指出金融成长与实体经济之间相互作用的关系，尤其是金融成长应大于并快于产业成长；金融成长的基础是一国的基本经济因素即产业成长，实际上已隐含指出金融成长内生于产业成长；所设计的金融相关率等金融成长指标通常被用来衡量一国金融成长的水平；政策建议如金融业的“移植”以及金融相关率趋向稳定对于发展中国家的金融成长具有重要的指导意义。但是戈德史密斯也留下了一个研究之谜：“无法弄清……到底是金融因素促进了经济的发展呢，抑或是金融发展是由其他因素引起的经济增长的一种反映?”[3]即金融成长与产业成长的内在关系是什么。

在戈德史密斯研究的基础上，Livesay 和 Porter[4]研究了1815～1860年美国制造业和商人资本的关系。制造业企业以厂商和商人的正式或非正式合作形式而存在，这种关系导致资本从商业流向制造业部门。当19世纪早期制造商的市场机会增长时，他们之间合作关系的扩大体现了商人资本参与制造业融资的激励和推动力。激励来自于国内产品贸易的潜在收益，推动力来自于为维持对19世纪发展的载体——制造业产品的数量增加的控制而产生的控制大规模的、依赖外部资金的供应商的需要。商人通过提供所需资本和新兴产业的商业技能而推动经济发展。在这种传统的商人财富、智慧、制造业新技术的合作基础上，产生了美国产业成长的两大支柱——生产产品的工厂体系、为生产和销售融资的专业机构。这一过程反映了金融成长与产业成长的相互促进作用,又体现了二者自发实现了有机融合,起到金融对产业成长的加速器作用。

Rajan 和 Zingales[5] 从行业层面证明了国内金融成长对行业生产和成长的促进作用。实证检验表明:①金融成长对新企业成长具有有利作用,增加创新从而间接促进增长。②金融市场的不完善影响投资和增长。③更多依赖外部融资的国家其产业具有比较优势,而且金融成长还影响一国产业的规模和集中度。Rajan 和 Zingales 的实证分析方法和所采用的指标成为后来许多实证分析的基本模型和计量方法。如 Fisman 和 Love[6] 在其分析方法的基础上分析了金融成长与产业间资源在长期和短期的配置关系。他们使用跨国跨行业的数据实证检验并得出结论:在长期,具有较高金融成长率的经济体将会对于"天然"依赖外部融资的产业由于其具有的比较优势而导致更多资源的相对流入。比较而言,在短期内,金融成长有利于具有良好增长机会的产业的资源配置,而不论其是否依赖于外部融资。Wang[7] 的分析表明我国台湾省金融成长与产业成长之间关系表现为:从长期来看,金融成长对产业成长的影响只有 0.432 1%,而产业成长对金融成长的影响是 2.388 98%。即随着产业成长,金融供给导向逐渐不重要,而之后需求导向成为主导。另外,非正式金融在金融成长中具有重要作用。Kletzer 和 Bardham[8] 认为金融成长相对较好的国家在产业成长中具有比较优势。Beck[9] 在 Kletzer 和 Bardham 分析的基础上,研究了金融成长与制造业贸易之间的可能关系。Beck 建立了数理模型分析金融中介在大规模、高收益项目融资中的作用,认为金融较好成长的国家具有制造业的比较优势。利用 65 国 30 年的面板数据实证检验,结果表明金融成长对制造业的出口和贸易盈余具有显著的因果性。Svalery 和 Vlachos[10] 实证检验了 OECD 国家金融成长与产业成长之间的关系,结论是金融成长对产业专业化具有显著的因果效应,金融成长对产业专业化和比较优势具有重要贡献。

可见,实证检验表明金融成长与产业成长之间具有因果关系,而且更为重要的是,金融成长较快的国家,对于外部融资依赖高的产业将会产生显著的促进作用。这一结论具有重要的政策指导意义。二者的因果关系表明产业成长是金融成长的基础,而金融成长对产业成长具有重要的促进作用。但这类分析并没有指出金融成长在不同阶段对产业成长的作用是否相同，如何加快金融成长以促进产业成长。

2. 金融深化、金融约束与产业成长研究

麦金农[11]和肖[12]认为，在金融抑制的体制下，很低的存款利率影响了储蓄的总量扩展和结构构成，从而阻碍了投资的增加和经济的发展。麦金农主张，在金融市场不完善的发展中国家，储蓄和投资之间不是代替关系，而是互补关系。肖的债务中介理论认为，利率提高，在储蓄者和投资者之间的金融中介活动得到了加强，提高了投资的平均收益，改善了投资结构，并通过多样化经营减少了风险，还通过劳动分工和工业化降低了储蓄者和投资者的信息成本。麦金农和肖的金融深化模型的核心问题是利率的压制问题。他们认为发展中国家正确的金融改革途径应是放松对各类金融机构的管制，实行金融深化，形成均衡的市场利率，从而提高储蓄率和投资率，进而促进经济发展。麦金农和肖首次从发展中国家的视角提出与当时流行的凯恩斯主义不同的观点，认为在利率较高的情况下，货币需求量较大、投资数量较多以及投资质量较高，从而可以避免通货膨胀和经济衰退。因此，发展中国家应推行金融深化。

麦金农和肖的开创性研究引起了关于金融成长对经济发展作用的研究高潮。在这方面作出贡献的还有卡普(B. K. Kapur)[13]、马西森(D. J. Mathieson)[14]、弗莱(M. J. Fry)[15]等人，他们对麦金农和肖模型进行了修正和发展，更好地解释了发展中国家实行金融深化的必要性。卡普认为在劳动力剩余的发展经济中，影响经济增长的主要因素是资本的数量，金融中介提供资本从而实现经济发展；马西森认为银行贷款的供给在很大程度上受到存款实际利率的影响；弗莱则强调了金融部门在实现资源从低技术效率部门向高技术效率部门流动中的作用以及对投资效率的关键性影响。近几年的实证检验如 Calderón 和 Liu[16]、Nazmi[17]、Cu nado、Biscarri 和 Gracia[18]等，他们都从经验中得出放松管制对金融成长有积极作用的结论。

麦金农和肖的理论成为研究金融成长对经济发展的基础，其政策性建议被许多发展中国家所实践，虽然取得一定的经济绩效，但金融深化也给这些国家产业成长带来了破坏。因此，金融深化并不仅仅意味着实行利率市场化，更重要的是，在金融深化过程中需解决：何时实行金融深化、金融成长如何保证产业成长的正常的外部环境以及金融与产业成长保持何种比例关系。当然，该理论更多注重金融业的量的扩张是不完善的。

与金融深化论相反，赫尔曼、默克多和斯蒂格利茨[19]提出了"金融约束论"。该理论认为现实中不存在完全的市场化，政府对金融机构和金融市场进行适当的干预有助于金融和经济发展。其政策措施包括：对存贷款利率加以限制；对市场准入限制；对金融资产替代性限制。关于金融约束的经验分析主要是从金融深化所产生的消极影响加以论证。Guha-Khasnobis 和 Bhadure[20]、Tadesse[21]、Honda[22]、Ergungor[23]、Ndikumana[24]等学者认为，金融发展并不是简单的政府放松管制，重构金融结构，而是要重视建立适应本国经济、金融的改革次序和法律建设，实行完全的金融自由化是不现实的。该理论合理地解释了一些国家之所以能够成功地抵御住东南亚金融危机。关于金融成长的经验分析中得出金融自由化并不一定会导致经济发展，从另一方面反映了政府行为在金融成长中的重要作用。通过金融约束，为银行创造了租金机会，创造了对银行部门的有效激励机制。然而，该理论只适用于经济发展（产业成长）的初期，即在经济发展的初期，实行金融约束以保证产业成长。另外，该理论没有指出金融约束同样存在成本：如果长期存在金融约束，则起到保护垄断的作用。因此，政府由于拥有较为充分的宏观经济运行信息，在经济发展中应起到关键作用，但并不能由此得出政府的作用必须越来越强[25]。

金融深化论和金融约束论分别从两方面论述和验证了政府行为在金融成长中的作用，结论却相反，一方认为政府应减少干预，另一方认为政府应加强干预。其实这是一个问题的两个方面，只是由于双方观察问题的出发点和视角不同，从而得出了不同的结论。实际上，不论是金融约束、金融抑制还是金融深化，都隐含着政府行为与金融成长之间的关系——政府追求其自身效用最大化，通过控制金融成长来实现经济发展（产业成长）。那么由此产生两个问题：一是政府行为在金融与产业成长中的契合点和突破点何在？二是不论实行金融深化还是金融约束，目的均是金融成长促进产业成长，事实上单纯的实行利率市场化或利率控制并不能达到目标。因此，在经济发展的不同阶段，金融成长对产业成长的作用有何不同,政府应实行何种金融成长模式是值得研究的。

3. 金融体系与产业结构研究

富兰克林·艾伦和道格拉斯·盖尔[26]在其著作《比较金融系统》中证明了不论金融系统如何,均可获得经济发展。通过对美国、英国、法国、德国和日本的金融系统的演进过程进行探讨,认为市场失灵导致各国不同的金融系统的演进路径,美、英形成市场主导型金融体系,家庭持有价格随行就市的证券;德国、日本形成了银行主导型金融体系,家庭持有金融机构的固定债权。在此基础上,艾伦和盖尔运用共同先验概率和共同知识具体分析了金融体系与产业结构的关系,建立了正式模型。

当人们开始从事一种新产业时,会面临各种不同的风险。多种可能性的存在和有力数据的缺乏意味着通常会有多样化观点。资金的潜在供给者对结果有不同的先验概率,并允许存在分歧。此时市场具有显著的优势——为了进行决策获取信息的成本很高,但其巨大的优势在于每个人都能根据他们的意愿投入或撤回资金。这种灵活性表明至少有一些创新项目有可能获得资金支持。而金融中介授权管理者决定资金分配,即投资决策是由中介的管理者而非投资人来决定。中介获取信息的成本较低,但观点的多样化意味着当发生分歧的概率足够高时,投资者可能不愿意提供资金,从而有可能导致创新性项目的资金短缺。他们指出,很多新产业是在英国和美国发展起来的,如铁路、航空、计算机和生物技术等产业通过金融市场筹集资金成长为主导产业;法国、德国和日本虽然很富有,但其现有优势产业都起源于其他国家,在发展新产业上它们历来都是薄弱的。

正式模型从最简单的只有单一项目的情况开始。假设投资人获取信息具有成本并平均分配成为乐观者和悲观者的概率,比较市场融资和中介融资的不同成本和均衡条件,即

$$V_M = H - \frac{c}{\alpha}$$

$$V_1 = \beta H + (1-\beta)L - \frac{c}{\alpha I} \tag{1-1}$$

$$V^* = \max\{0, V_U, V_M, V_I\}$$

式中，V^* 为均衡的回报；H 为乐观者的预期报酬；L 为悲观者的预期报酬；α 为任何知情的投资者对给定的项目持乐观态度的概率；c 为投资者评估一个项目必须支付的成本；β 为投资者之间信念相关性的计量标准；$1-\beta$ 为观点多样化的计量标准；I 为投资人数；M 为知情者；V_M 为不知情的投资人预期项目获得的净收益；V_I 为成为知情者的回报；V_U 每个投资者的回报。

当 $V^*=0$ 时，最优的决策是不融资；当 $V^*=V_U$ 时，不知情的融资是最优决策；当 $V^*=V_M$ 时，市场融资是最优的；当 $V^*=V_I$ 时，中介融资是最优的。

当均衡中每类项目的融资方法能使剩余最大化时，则该项目是有效率的。剩余即为支付给企业家的价格 p_k 的总和和典型投资人的回报，从项目融资中的剩余为

$$V^* + P_k = \max\{V_k^U, V_k^M, V_k^I\}$$

即没有理由认为一种融资方式对所有项目都是最优的。

该模型符合所观察的事实。市场运作良好，意味着资金的提供者期望新产业和新技术的发展有高的预期收益。另外，市场主导型的经济具有较低的信息成本，有利于新产业和新技术的发展；当存在多样化的观点和高风险时，中介雇佣的管理者不能很好地运作，从而不愿意提供资金，因此中介主导型的经济擅长于传统产业。

艾伦和盖尔比较全面地分析了企业投资决策以及金融体系与产业结构的关系，通过理论模型说明市场主导型金融体系有利于新兴产业成长，银行主导型金融体系偏好于传统产业成长。历史表明，不同的金融体系并不妨碍一国走向富裕。实际上，艾伦和盖尔隐含地偏向于市场主导型金融体系，并且认为，由于金融体系的脆弱性，危机是常见的，危机是坏事亦是好事，能够挤出投机泡沫。另外，艾伦和盖尔强调市场的不完美性，需要干预来解决，政府通过机构如中央银行更多地涉足金融市场。艾伦和盖尔的观点打破了传统的金融成长观点，并且很好地解释了现实，说明金融体系对产业成长的影响以及政府干预的必要性。但艾伦和盖尔并未指出金融成长如何促进产业成长以及政府干预金融成长的边界。

实证分析同样验证了艾伦和盖尔的理论。如 Levine[27] 实证检验结果认为，

金融体系结构的差异不能影响两个国家总量增长差异，但能影响不同工业部门的增长，即金融结构影响了产业结构；Wurgler[28]发现在金融市场比较发达的国家里，成长性好的行业会得到更多的投资，而成长性差的行业投资会减少。这一结果说明金融成长能改变资源配置的方向和提高资源的配置效率，从而影响着产业成长。

4. 国内金融发展与产业成长关系的相关研究

(1)宏观视角研究。在西方金融成长与经济发展研究的基础上，我国学者对二者的关系进行了深入分析。伍海华和张旭[29]概括了金融成长与产业结构变迁的关系，认为二者的传导机制为：金融→影响储蓄、投资→影响资金流量结构→影响生产要素分配结构→影响资金存量结构→影响产业结构。而金融在主导产业选择中的作用体现在两方面：一是通过建立高效率的金融体系，为产业结构的调整提供必要的资金配置和重组机制，在推进产业结构的调整和升级的过程中，以市场化的手段，间接地促进主导产业的形成与转变；二是政府通过公营金融机构，直接扶植若干产业，将其作为中长期发展的主导产业。同时，金融作用于产业的产出结构、组织结构和技术结构。林毅夫、章奇和刘明兴[30]从金融结构在经济增长中所起作用的角度，对全球制造业1980～1992年的数据进行分析，认为只有当金融结构和制造业的规模结构相匹配——即在一个以大企业为主的经济中，存在一个市场型的金融结构，或存在一个较高的银行集中度时，才能有效地满足企业的融资需求，从而促进制造业的增长。由此证明一国的金融结构必须要和产业规模结构相匹配。杨琳和李建伟[31]建立了金融机构转变与实体经济结构升级的内在作用机制的数理模型，认为金融结构提升既是金融成长的重要途径，也是经济结构升级及经济实现最优增长的必要条件。一般情况下，发达国家产业结构提升方式主要表现为服务业产值比重的不断提高，与之适应的金融结构提升方式主要表现为金融资产总额与银行系统国内信贷总额差额占金融资产比例相应上升；发展中国家产业结构提升方式主要表现为第二产业比重不断增加，金融结构提升方式主要表现为金融资产总额与银行系统国内信贷总额差额占金融资产比例不断下降，但在工业化后期，金融结构会表现出金融结构指标趋于上升的趋势。对美国、日本、韩国和马来西亚四个国家的实证检验表明，不同的产业结构变迁阶段要求不同的金融结构提升方式与之匹配；中国已进入工业化后期阶段，亟须金融业作出相应的变革，以满足经济结构优化升级和经济发展对金融服务提出的更高需求。范方志和张立军[32]具体分析了1978～2000年中国东、中、西部地区金融结构转变与产业结构升级以及经济增长的关系，结论是中西部地区金融结构水平落后，妨碍了中西部地区产业结构的升级，而反过来，中西部地区产业结构升级的滞后，又导致金融业发展缓慢和当地经济发展水平的落后。沙虎居[33]以浙江省为例分析了产业成长与金融的关系；蒲祖河[34]实证论述了民间金融成长与产业结构变迁的关系，认为温州民间资本的存在方式一直处于非组织的、分散化的状态，民间融资的方式还是传统的民间自由借贷，民间资本的投向基本上是被动服从于企业的需求拉动等，导致了温州产业结构“低、小、散”的发展格局。因此，应采用民间金融供给型的民营产业发展模式，加快工业产业结构升级。

以上实证分析以跨国、中国的整体、区域、单个省份、地区的视角，从不同层面实证了金融成长与产业成长的关系，说明在经济发展不同的阶段金融与产业的相互需求不同。金融成长与产业成长具有因果关系：产业成长是金融成长的基础和载体，金融成长促进产业成长，二者应具有合理的关系从而形成良性循环机制；反之，一方的滞后必然约束另一方的成长，形成恶性循环。我国目前应实行金融改革以加快产业成长。

(2)金融成长与具体产业之间的关系。陈建国和杨涛[35]认为金融成长可以促进国内资本禀赋的提高和技术进步，进而改变对外贸易的比较优势，偏向于资本、技术密集型产品的生产和出口，实现贸易结构的升级。对1992～1999年间中国金融成长对于出口结构升级效应的实证检验表明，中国的金融效率较低，金融成长滞后制约着出口结构的升级。米建国和李建伟[36]认为经济结构的优化升级及由此引致的经济高速增长，是金融成长及金融深化程度加速提升的决定性因素。1992～2000年间，中国第二产业产值比重和第三产业产值比重与金融深化程度之间存在显著相关关系，第二产业产值比重或第三产业产值比重每提高一个百分点，分别可以带动金融深化程度2.2个百分点和1.73个百分点。曾国平和王燕飞[37]利用1952～2005年的数据考察了金融成长与产业结构的关系，其中产业结构的衡量指标包括就业结构系数和产值结构系数，金融成长整体作用于产业结构的长期效应，就业结构上为第三产业受其影响显著，产值结构上为第一产业所受影响显著。谢家智和魏忠海[38]认为农村信用社的改革除了自身的体制因素外，主要原因在于农村金融缺乏一个坚实的产业支撑，单一落后的农村产业结构使农村经济越来越空心化和边缘化。一方面是农村经济发展所需要的资金严重短缺；另一方面农村金融很难在农村找到突破口，大量的资金不得不流出农村。其结果必然是农村经济与农村金融的恶性循环。肖虹[39]检验了中国产业技术创新投入产出特点，认为以新产品市场份额衡量，企业资金的创新效率最大，政府资金次之，金融机构贷款最小；以专利申请量衡量，企业资金与金融机构贷款均具有显著性，而政府资金则不具有显著性。韩立岩、蔡红艳和郄冬[40]基于 Wurgler 的方法，提出了一种新的基于面板数据的资本配置效率模型，使用我国 39 个工业行业的数据度量了上世纪 90 年代资本配置效率，发现从 1991 年到 1999 年我国资本配置效率的年平均值为 0.031 1 到 0.037 5 之间，属于很低的水平，自发投资增长指数的大小与国家产业政策的倾斜、高新技术发展方针、产业调整与转移的方向、产业国际竞争力的态势以及市场供求情况基本一致，经济增长仍然是投资主导型的，属于外延扩张的阶段，金融市场应有的资本高效优化配置的机制没有建立起来。姚战琪[41]计量分析了金融服务业与第二产业、第三产业内部各子行业的产业关系，并比较中外金融服务业的产业关联差异，认为中国产业结构不合理，服务业产值比重低，在很大程度上造成金融服务业与第二产业关联较大；中国金融服务业仍属于粗放式发展，经营效率低下；由于现阶段工业化程度低，造成金融与经济的融合程度低以及金融对服务业部门的渗透力差。实际上金融产业具有前向产业关联和后向产业关联的促进作用，金融产业应具有合理的发展空间，以提高金融服务业的竞争力。何志强[42]通过单因素和多因素 Panel Data 产业绩效计量模型研究发现，我国产业资本结构与产业绩效呈负相关关系，且影响效果显著。

通过以上国内关于金融成长与产业成长关系文献的梳理，我们可以看到，我国学者对二者的关系在西方金融成长理论基础上结合中国实际进行了理论阐释和实证检验，认为二者具有因果关系：产业成长要求金融成长，金融成长促进产业成长，二者形成良性循环；反之，一方的滞后会制约另一方的成长，从而形成恶性循环。我国的金融成长落后制约着产业成长，应加快中国的金融成长。但这些分析并未指出金融成长如何保证和促进产业成长。另外，实证表明我国的金融成长与产业成长的不匹配是政府干预的直接结果，反映了必须界定政府行为在金融与产业成长中的边界。

(3)金融成长与社会分工、产业成长。韩太祥[43]对金融与经济发展的内生模型进行修订，认为金融部门对增长的贡献是通过提供相关服务实现的。这些服务是金融部门的产品，需要向使用这类服务的经济主体收费，用 X 表示金融部门提供服务的人均数量，k_x 表示金融部门的劳均资本水平，金融部门的生产函数为

$$X = X(k_x)\text{，其中 } \partial X/\partial k_x > 0;\partial^2 X/\partial^2 k_x < 0 \qquad (1-2)$$

最终产品部门的生产函数为

$$Z = Z(k_z, X)$$

其中

$$\partial Z/\partial k_z > 0;\partial Z/\partial X > 0;\partial^2 Z/\partial^2 k_z < 0;\partial^2 Z/\partial^2 X < 0 \qquad (1-3)$$

式中，Z 表示最终产品部门的人均实际产量；k_z 表示最终产品部门的劳均资本水平。

根据已有的理论和实证结论，可以合理假设，金融服务的增加会提高最终产品部门的资本边际产量；反之亦然，即有 $\partial^2 Z/\partial k_z\partial X>0$，$\partial^2 Z/\partial X\partial k_z>0$。

式(1-2)表明，金融部门提供服务需要占用部分要素；式(1-3)表明，金融服务作为中间产品在最终产品部门的使用，又会提高后者的生产率，所以，经济中生产要素数量既定时，金融部门的扩展对经济的最终影响是不确定的。

金融服务增加导致的人均产量增长可称为水平效应；金融技术创新和相应的金融服务数量增加，通过提高交易效率，促进分工扩展与深化，由此影响经济增长率。根据博兰德－杨小凯模型推导出：如果劳动产出弹性接近于1，且交易效率常数接近于0(交易费用高)，均衡市场结构是自给自足；如果弹性很大而效率常数接近于1，刚开始，均衡市场结构就是完全专业化，如果弹性和效率常数取中间值，则均衡包括了分工演进，分工水平不断提高。这是因为，金融部门的

流动性创造为交易活动提供了高效率的工具;金融部门的支付体系和信用体系降低了跨区域交易和跨时交易的费用。

李敬等[44]从金融交易的视角分析分工的功能,认为劳动分工促进了经济增长,而银行贷款效率、民间金融交易效率与商品交易效率共同制约着分工演进与经济增长。银行贷款效率提高对劳动分工和经济增长的作用具有二重性。在商品交易效率足够高时,银行贷款效率与劳动分工和经济增长之间存在长期均衡关系,银行贷款效率提高显著地促进了劳动分工与经济增长;在商品交易效率极低时,银行贷款效率提高对劳动分工与经济增长的作用并不显著。但因民间金融的作用,商品交易效率提高对劳动分工和经济增长的作用不具有二重性。在银行贷款效率极低时,民间金融对正规金融产生替代效应,商品交易效率的提高同样能促进分工演进与经济增长。

在金融成长的水平效应和增长效应以及金融效率的分工作用方面,这两种分析方法采用独特的视角强调了金融成长更应注重效率的提高,即应是规模和效率相统一的金融成长。当然,正如作者所指出的,其分析还是初步的,需要进一步的模型化和实证分析。另外,该分析未指出,在金融成长与产业成长的相互作用中如何改善金融成长的外部环境,从而加快产业成长。

1.2.2 内生金融模型

随着内生经济理论的兴起,越来越多的学者将金融发展理论和内生增长理论结合起来,产生了内生金融发展理论。该理论认为,资金融通过程中的不确定性和信息不对称等因素产生金融交易成本;随着经济发展,这种交易成本对经济运行的影响越来越大;为了降低交易成本,经济发展到一定程度就会内生地要求金融体系形成和发展[45]。内生金融理论主要从金融中介和金融市场的内生性两方面来分析。

(1)金融中介的内生性。Bencibenga 和 Smith[46]认为金融中介形成的原因在于它能防范因消费需求的流动性冲击而造成的不确定性;Dutta 和 Kapur[47]认为当事人的流动性偏好和流动性约束导致了金融中介的形成。

(2)金融市场的内生性。Diamond 和 Dybvig[48]认为由于流动性的原因,投资者不愿投资于长期项目，资金流向收益率低的短期项目。而股票市场可以有效解决资金流动性问题，有利于长期资本形成和资源配置，有利于经济发展。Greenwood 和 Jovanovic[49]认为在存在金融市场的情况下，投资者通过在金融市场上投资多种证券就可实现多元化。金融市场再将汇集的资金投入特定的项目中去，从而实现规模经济和分散风险，使资金向收益高的项目转移，提高资本配置效率和投资收益。King 和 Levine [50]认为金融市场的风险分散功能有助于技术创新。持有可以分散风险且具有创新意义的项目所发行的有价证券不但可以减少风险，而且还能促进对创新活动的投资。这样，有利于风险分散的金融市场能促进技术进步和经济增长。Obsfeld[51]认为金融市场国际一体化使得每一个国家的投资者可以在世界范围内分散风险，从而使资本在世界范围内得到有效配置；一般来说，专业化的技术生产率较高，收益的波动性也较大。Saint-Paul[52]指出金融市场的发展，可以通过多元化投资来分散这种风险，从而选择更适合生产和更专业化的技术。Boot 和 Thankor[53]比较了金融中介和金融市场在资金融通方面的优势，金融中介可以有效地监督生产者的行为，从而缓解诸如资产替代之类的道德风险；金融市场则在信息搜寻和汇总方面存在优势，正是金融市场在信息方面的优势，使得金融市场得以形成和发展。

Greenwood 和 Smith[54]较好地分析了金融市场和金融中介的运行成本或参与成本导致了金融市场和金融中介的内生形成机制，通过建立模型推导出如下结论，即

$$V^b(RA\theta)W_t^{-r} - e \geq V^a(RA\theta)W_t^{-r},\ V^b(RA\theta)W_t^{-r} - e \geq V^e(RA\theta)W_t^{-r} - e' \tag{1-4}$$

式中，$V^a(RA\theta)W_t^{-r}$ 表示自给自足融资的间接效用；$V^b(RA\theta)W_t^{-r}$ 表示利用银行中介的最大化预期效用；$V^e(RA\theta)W_t^{-r}$ 表示利用资本市场的最大化预期效用；e 表示利用银行的效用损失；e'表示利用资本市场的效用损失。

显然，①自给自足融资的间接效用大于利用银行中介融资的效用时，不会产生银行中介；②如果 $e' \geq e$，则只有银行中介；③如果 $e' < e$，则经济体内在地产生金融市场。

内生金融理论表明，金融成长内生于经济发展，是经济发展过程中为降低交

易费用,提高交易效率的内在需求。金融中介和金融市场的形成具有“门槛效应”,这一结果具有重要的政策指导意义,发展中国家由政府构建金融市场的失败即是例证,同时也与戈德史密斯的理论含义相一致,即金融成长引进的是方法和经验而不仅仅是金融工具;另外,“门槛效应”也说明金融成长的渐次性,其成本效益分析法与艾伦和盖尔关于产业成长内源融资、外源融资的方法和含义相近,只不过其结论是金融内生成长。然而,该理论并未指出金融成长对产业成长的反作用。

1.2.3 金融创新、金融成长与产业成长

金融成长是一个动态的概念,内生于产业成长,并随着产业成长而不断创新。实际上金融成长是一个持续不断的金融创新的动态过程。20 世纪 70 年代以来的金融创新丰富着金融成长理论的内涵,并在不同方面影响着产业成长。

(1)金融创新的动因分析。Silber[55]假设创造新型金融工具或实务的目的就是放松施加于企业的金融约束,金融创新通过提高金融风险承担能力、降低交易成本、规避过时的管制来改善金融系统。然而,Podolski[56]认为该理论假设既太一般化又过于特定化,不适合宏观经济层面上的研究。Kane[57]、Miller[58]、Holland[59]等认为,实际上,金融创新是规避性的创新,Ross[60]认为金融市场的信息不对称产生了金融创新的需求。Allen 和 Gale[61]认为因为抵制通货膨胀和利率波动而出现金融创新。Finnerty[62]总结认为金融创新是帮助避税、降低交易成本和代理成本、风险重配、增加流动性、规避管制等。

(2)金融创新的运行机制分析。Greenbaum 和 Heywood[63]认为金融创新不是新事物,它们暗中已经存在,只是供给为零。Desai 和 Low[64]认为在大多数情况下,金融创新没有提供一个全新的产品,而是改变、增加或减少现存金融产品的某种特点。Horne[65]指出,一种金融创新必须能够通过降低消费者所负担的金融中介的金融服务成本,从而使得市场更加有效率,金融创新还能填补现有产品或服务间的空白,并且一开始就是面向完全市场的。Molyneux 和 Shamroukh[66]认为,新的金融产品只不过是金融工具在某些一般特性组合上的变化。他们将金融和产业经济学文献结合起来研究金融创新的采纳和扩散,并对垃圾

债券和票据发行便利进行实证,发现金融创新采纳和扩散过程具有竞争性、战略性本质的特征。

(3)金融创新的经济效应分析。Merton[67]认为,新的证券设计、计算机和通信技术的提高、金融理论的发展都导致了金融市场和机构的革命性变化。Arrau等[68]对发展中国家的研究发现,金融创新对货币需求和其波动性具有重要作用,且随着通货膨胀而提高。Glennon和Lane[69]利用Lancaster选择模型分析美国银行管制中的两个重要创新对货币需求M1的影响,认为新资产的引入会增加货币需求,新资产的引入或利率限制的取消都对货币需求弹性产生影响。Dynan、Elmendorf和Sichel[70]考虑金融创新对消费者消费、住房投资、商业固定投资的影响和经济活动的关系,认为金融创新对20世纪80年代中期经济的稳定具有一定的贡献。然而,Wachter[71]认为尽管二者之间可能有联系,但对此结论却需进一步探讨。Basak和Croitoru[72]认为,在国际资本自由流动以及货物市场分割的情况下,若金融债券可获得,则同一国家的不同机构会选择金融债券代替国际货物交易,即部分地规避国际贸易分割,达到有效的风险分担。

武汉金融研究中心课题组[73]指出,实际上,金融工程(即金融创新)的产生从本质上反映了市场追求高效率的内在要求:20世纪70年代以来国际经济和金融形势的巨大变化为金融工程提供了萌发的土壤;经济主体在激烈竞争中对金融资产流动性和营利性需求的加大是其内在动因;金融理论的发展是金融工程发展的理论基础;技术进步及其向金融领域的渗透,给金融工程的发展提供了巨大的技术支持。金融创新对经济发展产生巨大影响:提高了金融机构的经营效率与功能实现;提高了金融市场的效率;提高了金融宏观调控的效率。陈子季[74]、李雪莲[75]等认为,金融创新是金融体系内部的"发动机",加快金融深化的步伐;影响了货币的定义和需求关系;在减少金融机构市场风险的同时,增加了金融体系的信用风险,从而增加了金融体系危机出现的概率。可以说,就宏观影响而言,金融创新既促进了金融成长,又为货币政策的制定带来困难,同时也增加了金融体系的潜在危机。王爱俭[76]认为,金融创新是虚拟经济发展的动力源,适度规模的虚拟经济能够促进金融成长:提高整个金融市场的效率,增强金融产业的持续发展动力。王春峰、张维和王士庄[77]预测金融创新将会按照默顿的观点由金融工具的创新转向金融机构的创新，其影响主要表现在：金融机构的风险管理手段的增加和效率的提高、金融机构的形式和功能将发生变化、金融监管及其国际合作的新发展、对国家宏观调控产生影响。

正如学者们所预期的，金融创新带来了金融机构的变化。美国1999年《金融服务现代化法案》的通过，标志着发达国家的金融业经营体制向混业经营的根本转变。这种经营模式代表了当今国际金融业的最新趋势。混业经营实际上本身即是金融创新，是金融制度的创新。那么分业经营和混业经营孰优孰劣呢？一般认为，混业经营具有一定的优势。根据德意志银行高级经济学家特洛文博士的研究，全能银行制度无论是对客户和银行，还是对经济发展都是非常有利的。特洛文将全能银行的优势概括为：为客户提供最佳服务——有利于节约时间、减少费用，也有利于增加收益；使银企关系更为密切；促进储蓄的发展；具有"内在稳定"的特征(转引文献)[78]。钱小安[79]认为银行业务综合化不仅改变银企关系，而且对宏观经济政策产生影响：金融业务综合化会产生货币替代现象，导致货币增长减缓，利率水平下降。此外，金融业务综合化还会加强货币市场与资本市场之间的联系，促进利率政策的传导。然而，银行由分业转向混业是有条件的。吉卫民和常浩[80]认为，"社会比较利益"的大小是决定选择分业或混业经营的关键因素；商业银行经营模式是动态发展的，在边际效用递减规律作用下，不同的发展阶段有着不同的成本变化趋势，商业银行实行混业经营有其基础性条件。席涛[81]通过对美国混业经营的产生背景、监管改革的历史回顾，认为美国66年金融体制的演变是市场与管制之间不断进行调整、改革和创新的制度演变过程，也是一个金融试错、付出成本和积累经验的过程。其基本经验可总结为：分业经营体制是保障金融体系安全的有效手段；金融体制的变革要适应经济环境的变化；金融体制的变革是一个逐步调整和修正的过程；放松管制并不等于放弃监管。庄宗明和刘湘玫[82]总结认为混业经营实际上是金融体系打破传统行业分工模式，重新配置金融机构功能的结果，是经济发展过程中出现的一种制度选择和制度变迁现象。

以上文献表明，关于金融创新的理论和实证分析均是从某种金融工具创新的动因、运行机制和经济效应来进行。金融创新会提高市场交易效率，降低交易成本，促进金融成长和经济发展；同时也会对一国货币传导机制产生影响，对经济的波动性影响不确定。而银行业混业经营的发展趋势，实际上仍属于金融创新的范畴，混业经营有其优势，但并不是所有银行都要转向混业经营，这是有基础性条件的限制。而且分业银行也有其自身的优势。尤其重要的是，对我国银行业而言，转向混业经营是一个渐进的过程，但又是必然的发展趋势。然而，一方面，金融创新（银行混业经营实际上是一种金融制度创新）并没有完整的理论框架，这可能是由于金融部门的发展并没有独立于实体经济；另一方面，实体经济的发展不能有效解释金融部门发生的所有变化。尽管在金融创新与经济增长之间一定存在着某种联系，但很难发现两者之间的长期关系。另外，管制放松、技术、全球化和利率汇率波动等一些重要因素的互动，以及众多的参与者，也使得很难去建立能够解释金融创新的普遍框架（Molyneux 和 Shamroukh）[83]。实际上，金融成长本身即是一个动态的概念，金融创新是金融成长的重要力量；金融创新对经济发展带来的深刻变化，反映了金融成长是推动产业成长的重要力量。遗憾的是，以上分析并没有指出金融成长内涵的扩展使得金融成长对产业成长的作用机制发生变化：首先，金融创新改变了货币传导机制和货币需求函数，通过金融控制产业成长的运行机制进一步强化。即在现代经济发展中，金融在一定程度上决定着产业成长。第二，金融创新对金融成长的外部环境提出挑战，比较突出的是金融法律制度在金融创新下引致的金融全球化对国内法律制度的挑战，由此带来的是国际监管合作问题以及对国内社会信用环境、微观规制的冲击。第三，在金融全球化背景下，政府如何保护国家金融安全以保证和加快产业成长，即如何界定政府行为在金融与产业成长中的合理边界。

1.2.4　金融成长环境、金融成长与产业成长关系研究

随着金融发展理论研究的深入，学者们发现金融成长有其先决条件：政治经济制度、法律制度、伦理道德等。而 20 世纪 70 年代开始的金融创新和 80 年代后期的资本充足率规定同样改变了金融成长环境，从而改变了金融成长与产业成长的传导机制。

1. 金融成长环境

同样是发达资本主义国家,美国、英国建立了市场主导型金融制度,而德国、法国、日本建立了银行主导型金融制度。不同的发展路径显然是由一国政治经济制度所决定。我国刚解放时所确立的政治制度决定了经济制度,经济制度确立了中国的金融制度。李义奇[84]认为金融制度通过金融产权形式进而使金融组织的行为决定了金融成长的可能空间。但是,确定和维持制度的交易成本及其变化,又使金融成长和经济增长对金融制度变迁形成反馈作用。我国国有金融制度变迁的缓慢,使金融因素成为经济转型与发展的制约因素。张杰[85]认为自改革开放以来,国家就一直在寻找这样一种制度安排,它既可以让国家在一段足够长的时间内获取和支配一笔巨额资金,又不伤及声誉;既有利于改革顺利推进和经济增长,又能最大限度地节约财政资源。王景武[86]指出,我国区域金融差异的形成与变化并不是区域经济发展的一个偶然结果,而是一个由中央政府制度主导到地方政府制度主导再到市场经济主体主导的渐进式制度变迁过程。国外的实证研究也反映了政治经济制度对金融制度的影响。如 Guha-Khasnobis 和 Bhadure[87]对印度金融自由化考察发现,在不恰当的制度框架下的金融改革不会产生正面的效果。Tadesse[88]认为,对新兴国家和转型国家不加区分地引入市场导向的金融体系构建可能是误导。

法与金融发展由 LLSV[89]于 1998 年提出,认为法律规则特征和法律实施质量两方面对于金融成长是重要的,通过引入 5 个关于法律实施质量的指标计量分析后认为,较高的法律实施质量可以弥补规则本身的不足,对投资者提供较好的保护,从而有助于金融成长。在 LLSV 的基础上,许多学者进一步分析了法律效率及金融成长对经济增长的影响。Pistor、Raiser 和 Gelfer[90]强调,对于转型经济体即使颁布了有关投资者保护的法律,由于法律的执行会遇到不少困难,企业的外部融资环境也不会产生显著影响;Berkowitz 等[91]也指出,移植现成的法律不一定会对一国的法律制度与市场体制产生根本性影响。Kunt 和 Maksimovic[92]通过建立一个金融模型,用事先预测的增长率与样本国家企业在不同法律制度环境下实际取得的增长率进行比较,从而实证法律制度上的差异对企业长期融资和经济增长有很重要的影响。Beck、Levine 和 Loayza[93]建立了一个有

150个国家组成的跨部门的金融结构与经济增长数据库来考察不同收入水平的国家，实证结果表明：那些在法律上十分重视保护股东和贷款人权利的国家，很少拥有落后的金融体系；缺乏法律效力的金融合同与不发达的金融体系密切相关。但是合同的法律效力与金融结构是市场为主还是银行为主无关；腐败与金融体系不发达具有强烈的正相关关系，腐败程度低的国家一般会形成市场为主的金融结构。Ergungor[94]认为不同的法律体系对金融发展的效果不同。Ndikumana[95]认为与其推进金融结构的特殊模式，不如降低金融中介交易成本和加强信贷者、投资者权利。国内关于金融发展与法的关系的研究也是从理论和实证两个方面来分析。曾康林[96]指出，法律对投资者、债权人的权益保护得力，金融业就能成长；金融业的成长有利于化解金融风险。谈儒勇和吴兴奎[97]选取律师及律师事务所的数量作为衡量司法水准的指标，对于各地的金融成长差异具有一定的解释力。韩文霞[98]认为衡量金融服务的质量不是看它的金融结构是以银行为主还是市场为主，而是要考察是否拥有完善的、强有力的法律制度来保证金融服务，促进经济增长。

徐艳[99]认为金融市场存在的金融伦理冲突与矛盾使得我们可以得出金融伦理已经不仅仅涉及微观个体的行为是否合情合理，而且还直接关系金融市场的核心问题即公平与效率，忽视其存在，将会导致市场的公信力下降，最终影响金融资源的最佳配置和金融市场的高效运行。刘勇和李琪琦[100]认为中国的金融政策是以暂时地降低或牺牲效率为代价而追求社会稳定与经济渐进转轨，允许资源浪费和改革风险在国家可控范围内暂时的存在，并最终通过效率的逐步提高来不断调整经济公平的范围与限度。刘锡良和曾欣[101]则认为中国金融体系存在严重的脆弱性，根本原因在于道德风险，而且中国金融体系的道德风险已经深入到最基层的代理人，其代价将是非常惨重的。

政治经济制度、法律制度、伦理道德等作为金融成长的外部环境，影响着金融成长的规模和效率，制约着金融成长是否与产业成长相匹配从而保持经济持续稳定的发展。该理论的提出为金融成长理论提供了很好的理论基石。但是，外部环境只是金融成长的必要条件，而不是充分条件，金融业在不同的政治经济制度下追求自身利益的最大化，法制化并不能保证金融的健康成长，伦理道德只是一种自律机制。

2. 金融成长环境新内容

20世纪70年代开始的金融创新和80年代后期的资本充足率规定成为金融成长环境新内容。刘丰[102]认为70年代开始的金融创新在提高金融业运行效率的同时也给国际金融法发展提出挑战。这是因为,一是金融创新对国家货币主权形成挑战,表现在对国家货币发行权的冲击,对国家实施外汇管制权的冲击,对国家货币主权独立性的冲击;二是金融创新对金融体系稳定性形成挑战;三是金融创新对金融监管形成挑战。因此,金融创新实质上对一国金融成长的外部环境构成挑战,从而改变着产业成长的外部环境。

1988年巴塞尔协议的形成,即规定银行资本充足率的《统一资本计量与资本标准的国际协议》,在推进全球银行监管的一致化和可操作性方面,具有划时代的意义。2004年6月26日,代表巴塞尔银行监管委员会的10国集团的中央银行行长和银行监管当局负责人举行会议,一致同意公布《资本计量和资本标准的国际协议:修订框架》。资本充足率成为金融成长理论的重要内容,其对经济发展的影响引起广泛的讨论。

Blum和Hellwig[103]的研究发现,银行的资本充足率要求可能增强宏观经济的波动性。这是因为,如果对总需求的负面冲击造成企业对银行负债的下降,将减少银行的资产,而由于资本充足率的要求,这将反过来减少银行的贷款和产业投资。Holmstrom和Tirole[104]建立的静态模型表明,所有形式的资本紧缩(信贷紧缩、抵押挤压、储蓄挤压)都会对资本化很低的企业造成极为严重的困难,但利率效应和监管强度依赖于资本不同构成的相对变化。Diamond和Rajan[105]、Chami和Cosimano[106]、Tanaka[107]等研究发现资本约束在短期会产生显著的信贷收缩现象。Kopecky和VanHoose[108]的研究表明,资本约束对货币政策并不是没有影响,尽管与标准乘数模型的乘数值显著不同,政府仍能在长期内控制信贷扩张。Chiuri、Ferri和Majnoni[109]对新兴经济体国家的计量分析发现,一是银行资本金约束的要求显著减少了信贷供给,尤其是对于资本化水平较低的银行;二是在货币或金融危机之后实行银行资本金约束的要求会扩大其负面冲击;三是银行资本金约束的要求对于外资银行负面影响较小,表明对外国投资者的开放可能部分地降低对国内银行业的冲击。总体而言，该要求一方面可能减少不良贷款；另一方面，可能会引致集中的信贷下降并加剧流动性约束从而不利于实体经济。实证显示，在那些信贷更为重要的国家，与资本金要求相连的信贷约束更为持久。因此，在新资本金要求下要更为谨慎采用，以避免不利的宏观效果。Montgomery[110]对日本银行的考察发现，国际银行的资产证券对核心资本要求非常敏感，核心资本比率较低的国际银行会将风险权重较大的贷款转换成风险权重较小的政府债券。即资本金要求对国际银行有显著影响，但对国内银行没有显著影响。

理论和实证研究表明，银行的资本水平对信贷及产业经济均会产生影响，对于资本充足率水平很低的银行（其中绝大部分在发展中国家），资本约束将会导致短期内的信贷收缩，对货币政策的实施和传导乃至产业经济的稳定产生影响，从而制约着发展中国家的发展。

资本充足率规定同样对中国具有很大的影响。赵锡军和王胜邦[111]认为，由于《新资本协议》特别是内部评级法极大地提高了资本监管的风险敏感度，将对商业银行的信贷增长方式、信贷结构调整和贷款损失准备计提以及宏观经济运行产生一定的影响。按照目前我国商业银行资本充足水平和资产质量，无论是实施标准法还是内部评级法都将强化信贷扩张的资本约束效应。我国应慎重选择《新资本协议》的实施时机，避免由此对信贷供给和宏观经济运行造成的负面冲击。刘斌[112]认为在实际资本充足率低于最低要求时，中央银行的货币政策并不能达到预期的调控效果，特别是在经济的衰退期，中央银行的准备金管理与监管当局的资本监管存在着冲突，这种冲突主要表现在短期，解决这一冲突的方法是银行追加资本并加强对资本的有效管理。要督促银行建立资本管理的长效机制，使其维持资本的充足水平，避免由资本不足导致的信贷收缩及其对经济产生的负面影响。另外值得注意的是，法定的最低资本充足率只是对银行的最低要求，不同的银行应根据自身的风险状况确定自己的最优资本充足率水平，监管当局制定的最低资本充足率应从整个银行业来考虑。刘斌[113]运用我国16家商业银行实际数据，从分机构和总量两方面实证检验发现，资本约束对不同银行贷款的影响程度不同，特别是对于资本相对不足的商业银行，资本约束对贷款的影响程度较大。此外，吴栋和周建平[114]从总量数据分析认为，资本约束对贷款、产出及物价均会产生一定的影响；以风险为基础的资本要求能显著地降低我国商业银行的风险，但对提高银行资本的效果不显著。吴俊、张宗益和徐磊[115]认为，我国《商业银行资本充足率管理办法》实施后，在资本监管的强制约束下，我国商业银行的资本变动与风险变动之间存在显著的负相关关系；最低资本监管要求能够有效地提高商业银行的资本充足水平，但对银行的资产风险变动没有显著的影响；银行规模有助于银行提高资本和规避风险，但盈利水平对资本变动的影响不显著。陈忠阳[116]认为，新资本协议对我国的银行改革带来了压力和动力，也为我国的银行改革提供了重要而有益的参考和借鉴，尤其是在资本金的作用和银行风险管理等方面。同时，还为我国的金融成长和开放带来了新的风险和挑战：我国在是否接受新协议方面面临国家声誉风险、西方发达国家的金融服务贸易技术壁垒的风险、新协议在西方国家实施后对我国经济和金融在开放条件下运行产生不利影响的风险、借鉴新协议过程中面临学习风险。

可见，国内外关于资本充足率的研究主要集中在资本金约束的要求对银行信贷规模、一国货币政策的传导机制的影响。显然，这一检验仍属于金融发展理论的一般范畴，并没有新的突破，但其对世界各国的金融与产业成长却产生深远的意义，美国等发达国家将继续利用金融资本来控制世界经济，发展中国家将处于更为不利的境地：第一，资本充足率虽没有强制约束力，但在国际市场筹资的等级评定却是依据资本充足率，而且不可避免地内含政治因素；同时，发达国家依靠评定资信赚取巨额的服务收益。因此，发展中国家的金融成长更多被发达国家所控制，从而威胁着产业成长。第二，资本充足率是发达国家的国内法的国际延伸，通过资本充足率的要求无形中制约着发展中国家的银行业成长，而银行业在发展中国家的产业成长中举足轻重，实际上发达国家在限制着发展中国家的产业成长。因此，资本充足率实际上改变了一国金融成长的外部环境，从而改变着一国产业成长的外部环境。对广大的发展中国家而言，面临的问题是，在金融全球化背景下，如何加快金融成长，如何以金融成长促进产业成长，政府如何保护金融成长从而产业成长。

1.3 本书的研究视角与研究方法

1.3.1 本书的研究视角与研究对象

基于上述文献综述,我们发现金融成长与产业成长之间具有互动性的内生关系。本书以典型国家金融与产业成长的历史比较为研究视角,总结一国金融与产业成长相匹配的发展模式,探索金融成长与产业成长的内在机理,通过实证检验中国金融与产业成长的关系并进行中外比较,提出相应的对策构想。本书研究的主要内容包括:

(1)一国成为世界强国总是可以从历史中寻找根源。"历史创造了有关组织一个国家经济的最好方式的思想和意识形态。"[117]探索一国发展道路,不仅可以以史为鉴,更重要的是使现在和将来的发展成为历史的延续。比较分析历史上典型国家荷兰、美国和日本的金融与产业成长的演进路径,即在资源禀赋、技术进步、制度变迁等因素约束下,这些国家由于金融成长较快而促进了一批现代产业的迅速成长,从而走向世界强国。

(2)从理论上揭示金融成长与产业成长内在机理。现有理论研究和实证分析均表明,金融成长内生于产业成长,而金融成长又是产业成长的重要推动力。在金融成长的不同阶段,金融成长对产业成长的作用程度不同。当产业成长到一定水平,金融业衍生与附加了商品定价权和金融资产定价权时,产业成长金融化成为经济发展的重要特征,此时,实行金融优先发展战略,加快产业成长。然而,金融成长远远超过产业成长所需,往往造成经济"泡沫";金融抑制则阻碍产业成长。因此,金融成长与产业成长应保持合理的关系。基于此,本书从理论上阐释金融成长与产业成长之间的内在关系,产业成长金融化的内涵和运行机理以及二者之间的合理匹配关系。

(3)实证检验中国金融与产业成长的关系并进行中外比较。回顾中国金融与产业成长的历史演进,分析金融成长与产业成长关系的变迁,总结出中国金融成长的经验和面临的困境,运用定量分析法实证检验中国金融和产业的成长特性以及二者之间的互动关系和匹配关系。之后,对中外金融与产业成长关系进行相对指标比较,找出中国金融成长的优势和劣势,从而探索中国金融成长的路径与模式。基于中国与当代各国社会和经济结构的现实,界定政府行为在金融与产业成长中的契合点和突破点。

(4)探索金融成长如何服务于产业成长,保证和加速中国产业成长。在产业成长金融化的背景下,如何进一步改善金融成长的外部环境,将金融成长作为制高点,装备、保证和加速中国产业成长,从而提升国家的国际竞争力。

需要指出的是,本书运用了金融成长和产业成长这两个概念,即成长包含了规模的扩大和效率的提高。麦金农和肖提出金融深化理论,金融发展成为学者们关注的焦点。金融发展着重于金融业的量的扩张,这显然是有失偏颇的。我国学者白钦先[118]于20世纪90年代首先提出金融功能观,并认为金融具有资源属性,是一种具有战略性、脆弱性、中介性、社会性的资源。之后,周小川[119]首次提出金融生态的概念,强调用生态学的方法来考察金融风险的成因问题。张杰[120]对该概念的内涵做了新的界定。他认为,金融成长是对金融增长和金融发展概念的一种综合,成长本身应当包含增长与发展两层含义,是质与量的有机统一。金融成长理论的提出可以被认为是金融发展理论的一个质的飞跃,它将金融发展理论注重量的增长的观点、金融功能论注重效率的观点、金融生态论适应外部环境的观点以及制度建设等的观点有机地融合在一起,将金融作为一个生物体,有其自身的生长发育、生死存亡。

综合以上分析,我们可以将金融成长定义为:在一定的政治制度、经济制度和发展环境约束下,以产业成长为基础,服务于产业成长,金融业同时实现自身量的扩张和质的提高的统一,最终实现金融业的竞争优势,以保证和加快产业成长。

另外,我们对产业成长的定义是:在一定的政治制度、经济制度和发展环境约束下,单个产业经历萌芽期、成长期、成熟期和衰退期四个阶段,实现产业规模的扩大和效率的提高,而主导产业的形成、不断更换的过程即一国产业结构的演变历程,构成一国的产业成长。

1.3.2 研究方法

与研究主题相呼应，在研究方法上，本书采用了历史演进法、比较分析法和定量分析法等。

1. 历史演进法

一国走向富强是长期的历史演进过程。用历史演进法是完整理解一国发展的最好方法，在资源禀赋、技术进步、制度变迁等因素约束下，重点考察以下几个方面问题：

(1)荷兰在短时间内成为世界大国，现代金融制度的确立如何推动荷兰成为国际贸易中心，其为什么会走向相对衰落？

(2)美国建国后迅速成为世界大国，并在二战后成为唯一的超级大国。纽约成为国际金融中心标志着美国产业资本主义的完成，美国的巨型产业拥有国际竞争优势；更为重要的是美元特权地位以及 20 世纪 70 年代开始的浮动汇率制度、金融创新、混业经营、新资本协议等不仅改变了美国的产业成长方式，而且影响着世界各国尤其是发展中国家的产业成长模式。那么，美国如何通过金融成长保证和加快产业成长，巨型产业又是如何形成？

(3)日本一直实行赶超战略，金融体系由多元化逐渐形成以间接融资为中心的金融体系，财阀控制着国内经济和几乎所有的产业；战后形成主银行制度，出现了现代企业制度的垄断产业集团，拥有着产业竞争优势。日本的金融体系如何帮助日本实现赶超目标？财阀和垄断产业集团如何形成？进入 20 世纪 90 年代后，日本经济为何陷入困境？

2. 比较分析法

比较中才能找到成绩与不足。本书的比较侧重于在一国发展的历史演进中所依托的特殊历史背景和由此产生的不同的金融与产业成长演进路径；从不同模式中揭示金融成长与产业成长的内在机理。

(1)纵向比较。通过不同国家不同发展时期的金融与产业成长的关系进行历史的连续比较，总结出特定历史时期的二者关系以及一国发展的历史连续性和发展趋势。

(2)横向比较。在美国、日本等典型国家和中国之间通过反映金融与产业成长关系的一些相对数据进行横向比较分析,考察金融与产业成长关系的差异性和共同性,分析中国金融成长的优势和劣势。

3. 定量分析法

历史规律的总结和逻辑推理需要实证检验。本书构建金融成长与产业成长匹配关系数理模型,解释二者的匹配关系、动态运行机制以及长期稳态均衡关系。在实证检验中,将金融与产业的规模和效率指标结合,利用主成分分析法创造新指标,并计算出我国各年度金融成长和各产业成长的综合得分,反映我国金融与产业的各自成长特性。在此基础上,建立联立方程,利用二阶段最小二乘法,量化分析金融成长与各产业以及整个产业成长的关系;另外,构建反映金融与产业成长匹配关系的指标并实证检验中国金融与产业成长的匹配关系。最后,对中外金融与产业成长关系进行相对指标比较,找出我国金融成长的优势和劣势。

1.4 结构安排与主要观点

从篇章结构安排来看,本书内容共8章,研究的逻辑框架图见图1-1所示。各章主要内容及观点如下:

第1章为导论。提出问题,说明金融成长与产业成长内在机理这一选题的背景、研究意义、相关研究文献综述;给出本书的研究视角与研究方法;概述本研究的框架结构与主要观点;指出本书的创新之处。

第2章为典型国家金融与产业成长的历史比较。第一节考察荷兰金融资本体系的构建与国际贸易中心之间的关系。荷兰独立后农业商品化、工场手工业规模化与商人资本的有机融合促进了荷兰对外贸易的发展;对外贸易的发展内在地要求金融成长,世界上第一个现代金融体系的建立使荷兰迅速成为国际贸易中心;国际贸易中心的确立反过来使荷兰走向金融资本主义;但金融逐渐脱离国内产业成长而使荷兰逐渐走向衰落。第二节考察美国从产业资本主义走向金融资本主义的历史变迁。美国自建国至1944年,金融法律制度保证了金融成长,从而促进产业结构升级,金融资本和产业资本的有机融合成就了美国巨型产业,纽约成为国际金融中心标志着美国完成了产业资本主义的构建。自1944年以后,美元成为世界本位币使美国拥有其他国家所不曾有的特权,奠定了金融资本主义的基础;浮动汇率制度促进了全球货币市场交易的确立;金融创新提供了金融交易工具及交易制度。美国成功构建了金融资本主义,对世界各国尤其是发展中国家的产业成长构成威胁,促使美国处于产业竞争的前沿。第三节考察日本金融成长服从于产业成长的发展模式。自明治维新至1945年,日本政府主导构建为产业政策服务的间接融资体系,促使日本产业快速成长;由官商演变而来的财阀控制了国内几乎所有产业。1945年至1990年代,日本仍实行产业规制,并形成主银行制度;主银行制度成就了垄断产业集团,日本实现了赶超欧美的战略目标。进入90年代,金融与产业成长的矛盾显现:金融市场的滞后制约着新兴产业成长,金融国际化的困境未能为产业国际化提供有效的外部环境。

第3章是金融成长与产业成长内在机理的一个理论分析框架。第一节研究金融内生性成长的演进路径。一方面,经济交易的产生和发展内在地要求货币、股票、债券等金融工具创新,内生金融理论解释了金融中介和金融市场内生于经济发展(产业成长),并由此延伸出金融的各种衍生功能,这些均反映了金融成长内生于产业成长;另一方面,当金融业具有一定基础时,金融成长反作用于产业成长。马克思的社会再生产理论即指出资本积累的重要性,反映了金融成长是产业成长的重要推动力。金融成长对产业成长的作用在不同阶段程度不同,应实行不同的发展战略。第二节阐释产业成长金融化。首先给出定义、产生的条件和意义,之后分析产业成长金融化的运行机理,商品定价机制和金融资产定价机制影响着资源配置的方向和效率;产融结合的动力、条件等体现了金融对产业成长的加速器作用。第三节为金融成长与产业成长匹配关系模型构建。首先是前提条件假设,在荷兰、美国、日本不同发展模式基础上总结出金融成长与产业成长关系的共同条件:产权明晰、较高的法治水平、良好的社会信用环境和有效的微观规制;在此条件下,分别构建金融成长和产业成长函数,建立匹配关系模型,解释金融成长与产业成长的资源配置关系以及二者的互动关系;现实中金融成长偏离产业成长的原因是金融文化的双重性格。

第4章对中国金融与产业成长历史演进进行回顾分析。第一节是新中国成立至1978年期间,政府实行金融约束、产业优先发展。第二节是1978～2000年间,中国实行金融结构"二元化"来满足产业结构调整;地方政府间竞争市场的形成客观上促进了地方产业成长。第三节是2000年以后,金融成长与产业成长的匹配问题突出:产业技术创新需要风险资本市场;产业国际化需要金融开放;而产业成长金融化要求我国优先发展金融,加快产业成长。

第5章是实证分析及中外比较。第一节是中国金融与产业成长关系检验。不同于一般计量分析,本书将金融与产业的规模和效率指标结合,利用主成分分析法创造新指标,并计算出我国各年度金融成长和各产业成长的综合得分。在此基础上,建立联立方程,利用二阶段最小二乘法,量化分析我国金融成长与各产业以及整个产业成长的关系;之后,构建反映金融与产业成长匹配关系的指标,检验中国金融与产业成长的匹配关系。结论是中国金融和产业均呈现良好的成长特性,二者具有互动关系,但金融对产业成长的资源配置关系有待进一步改善。第二节是中外比较。通过一些相对指标如金融相关率、货币化程度、金融业的贡献率、外部环境等的横向比较,从中找到中国金融成长的优势和劣势。

第6章为基于产业成长金融化趋势下的发展对策构想。第一节提出实行金融优先发展战略。产业成长金融化改变了后发优势理论存在的条件,针对目前我国金融成长目标与产业成长所存在的困境,提出金融优先发展战略,同时要保持金融与产业成长的合理匹配关系。第二节提出改善金融成长的外部环境,包括加快产权制度改革,提高法制水平,加大市场惩戒力度和构建自律机制。第三节提出构建产业成长的金融服务平台,完善金融市场结构,丰富金融工具,培育富有竞争力的金融组织。

第7章探索政府行为在金融与产业成长中的契合点和突破点。本章分析了政府行为假设,金融成长的内生行为规制、外部性与外部行为规制,外部行为规制保护和维持内生行为规制;同时作为外部行为规制化身的政府行为以政治收益为首要目标。因此,政府行为在金融与产业成长中的契合点在于政府收益最大化下的金融和产业成长,突破点是政府行为的不断调整以达到契合点。对美国、日本政府行为在金融成长中的经验分析也反映了这一关系。在此基础上分析中国金融成长中的政府行为，提出相应的政策建议。

第8章是本书的总结和展望，提出进一步研究的课题。

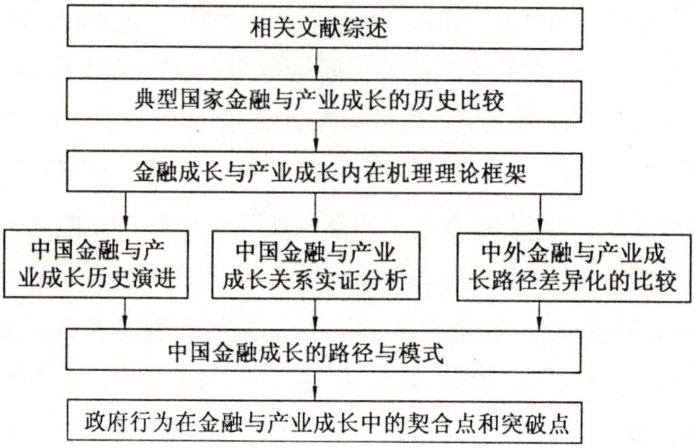

图1－1 逻辑框架图

1.5 本书创新点

本书基于历史的视角比较典型国家金融与产业成长的演进路径，运用历史演进法、比较分析法和定量分析法，揭示金融成长与产业成长的内在机理，并进行实证分析和中外比较，界定政府行为在金融与产业成长中的契合点和突破点，探索中国金融成长的路径与模式。具体而言，本书创新点体现在以下四个方面：

(1)用历史比较的方法分析荷兰、美国、日本等典型国家金融与产业成长的演进路径。荷兰在短时间内迅速成为世界大国，现代金融制度推动了其国际贸易中心的确立，金融创新帮助其确立了贸易垄断权；美国在短时间内构建了产业资本主义，这与纽约成为国际金融中心以及巨型产业的形成有直接关系。战后金融资本主义的形成，对世界各国尤其是发展中国家的产业成长构成威胁，促使美国处于产业竞争的前沿；日本实行金融服从于产业成长的赶超战略使日本迅速成为经济大国，财阀和垄断产业集团拥有着强大的竞争优势。

(2)借鉴罗默的劳动力市场搜寻和匹配关系思想，构建一个金融成长与产业成长匹配关系模型。在考察典型国家金融和产业成长历史的特殊性和共同性的基础上，建立金融成长函数、产业成长函数和二者匹配关系函数，解释二者的资源配置关系、动态运行机制和长期稳态均衡关系。

(3)实证检验中国金融与产业成长的关系并进行中外比较。现有的实证分析多以某个或几个指标作为变量分析金融与产业关系，不能反映金融成长与产业成长的特性。本书首先将金融成长与产业成长的规模和效率指标结合，利用主成分分析法创造新指标，并计算出我国各年度金融成长和各产业成长的综合得分，反映我国金融与产业的各自成长特性。在此基础上，建立联立方程，量化分析我国金融成长与各产业以及整个产业成长的关系。其次，构建反映金融与产业成长匹配关系的指标，检验中国金融与产业成长的匹配关系。最后，对中外金融与产业成长关系进行相对指标比较，找出我国金融成长的优势和劣势。

(4)发现政府行为在金融与产业成长中的契合点和突破点。基于中国与当代各国社会与经济结构的现实，尤其是2007年美国次贷危机引发的全球金融危机，政府行为干预经济发展已成为世界性问题。通过分析金融内生成长的演进路径、金融成长的外部性以及政治收益为政府的首要目标，得出政府行为在金融与产业成长中的契合点是政府收益最大化下的金融和产业成长；突破点是不断调整政府行为以使外部行为规制适应内生行为规制，从而达到契合点。

当然，金融成长与产业成长内在机理是一个博大精深的课题，由于笔者才疏学浅，对于该问题的理解不够全面和深入，因此本书虽然试图通过典型国家金融与产业成长的历史演进路径揭示二者的内在关系，并努力探索中国金融成长的路径与模式，提出发展对策构想，但也仅仅是初窥门径，疏漏之处在所难免，希望可以抛砖引玉，以期后来者批评指正。

第2章　典型国家金融与产业成长的历史比较

荷兰、美国和日本均是在短时间内迅速发展成为世界大国,其金融体系的形成与成长发挥了重要作用,促进了一批现代产业迅速成长。本章以历史比较的方法分析这些国家金融成长与产业成长的演进路径,揭示金融成长与产业成长的内在机理。

2.1　荷兰:金融资本体系的构建与国际贸易中心

荷兰是历史上第一个资产阶级政权国家,构建了第一个现代意义的金融体系,加快了其国际贸易中心地位的确立。

2.1.1　农业商品化、工场手工业规模化与商人资本

1. 农业商品化与"商品农"

荷兰独立后农业生产率迅速提高,导致农业的分工和专业化以及商品化,各地因地制宜发展专业化农业生产,农产品的商品率相当高,成为欧洲国家粮食的重要供给国。表2-1显示了荷兰弗里斯兰的哈姆马农产品的商品率甚至达到92.3%,1572年由于弗里斯兰经历战争商品率下降。

农业的商品化出现了在老村庄之外兴起的新的乡村工商业中心"弗来克",它不受行会约束,没有城市的城墙,吸引了许多城市商人和工业人员,在16、17世纪之交大量出现。表2-2表明当时乡村工商业中心的兴盛。

表 2－1　哈姆马农产品商品率　%

年份 / 产品	1570	1571	1572
小麦	92.3	78.9	9.3
大麦	83.1	70.1	49.5
燕麦	0	42.1	0
豆类	71.8	23.6	24.4

资料来源：陈勇．商品经济与荷兰近代化[M]．武汉：武汉大学出版社，1990：43

表 2－2　弗里斯兰省人口数量及比例

年份	全省人口	弗来克人口及比例		乡村人口及比例		城市人口及比例	
1689	128 734	19 000	15%	66 777	52%	42 957	33%
1714	129 243	19 000	15%	66 599	51%	43 644	34%
1744	135 133	19 000	14%	75 327	56%	40 306	30%
1795	157 496	20 000	13%	92 672	59%	44 824	28%

资料来源：陈勇．商品经济与荷兰近代化[M]．武汉：武汉大学出版社，1990：36.

在沿海地带渔业成为重要产业，与当时其他国家不同，荷兰的三大渔业（鲱鱼、鲸鱼和鳕鱼业）不仅仅限于捕捞，而且还进行加工、包装或提炼，渔业成了一种工业。荷兰省北部岛屿以及荷恩与阿姆斯特丹之间地带 17 世纪上半叶从事海上渔业加工的乡村男劳力占其总数的 50%[121]。1562～1657 年出口到波罗的海的鲱鱼中 75% 是荷兰运输，1661～1720 仍占 60%，此后比重大幅度下降，1730～1740年，荷兰一国占欧洲全部鲱鱼年产量的 1/2 以上。在荷兰的出口贸易中居第二位。

农产品、畜产品和渔业从生产、加工到销售已形成大规模商品生产，高产量、高商品率和众多的从业人员说明荷兰的农业已突破传统生产方式，农业已形成一种产业，支撑着荷兰经济强国的基础。德·弗雷斯[122]总结认为，荷兰乡村经济转变的主要特征是资本主义性质的“商品农”的形成。作为前向联系，农产品的商品化维系着为之服务的运输和市场网络。凭借繁密顺畅的流通渠道，乡村农产品贸易不仅遍及国内，而且扩大到国际，成为荷兰庞大商业帝国机器运转的

“基本润滑剂”。作为后向联系,农业生产的商品化刺激了人们对于土地开发的投资兴趣,推动了作为农业生产资料的肥料和饲料的贸易扩大,促进了乡村手工业的兴起和教育的兴办。直至整个18世纪,荷兰农业始终在欧洲保持了最先进的生产水平。

2. 工业与金融业的形成

纺织业特别是呢绒工业是荷兰的第一支柱产业,已形成生产的大众化,而且纺织业的结构调整(如新呢绒生产取代旧呢绒生产)使荷兰保持着持续的优势。表2-3为17世纪欧洲最大的毛纺织中心来登呢绒生产的成长历程,反映了当时荷兰的纺织业的繁荣。

国内工业中居突出地位的是造船业。在17世纪初期造船业已成为荷兰居第二位的支柱产业。政府兴建的国内四通八达的运河和造船业的大型化、机械化使荷兰水上运输趋向经济化——运输成本低廉化。造船业既为荷兰的海外贸易提供了重要的物质保证,又为荷兰国内经济飞跃提供了基础,促进了荷兰银行业和保险业的形成和发展,同时推动了海上贸易在全球范围的兴起。

表2-3 来登呢绒产量 匹

年份	产量(平均)	年份	产量
1591~1600	50 084	1664	144 000
1601~1610	66 943	1671	139 000
1611~1620	87 568	1700	85 000
1621~1630	100 129	1725	72 000
1631~1640	98 993	1750	54 000
1641~1650	89 283	1775	41 000
1651~1660	106 101	1795	29 000

资料来源:陈勇. 商品经济与荷兰近代化[M]. 武汉:武汉大学出版社,1990:70.

3. 商人资本与农业、工业成长

在农业、工业和工场手工业成长过程中,商人资本起着重要作用,如图2-1(a)所示。设Qt_1为经济发展起始阶段,即在时期$t1$,由于经济规模较小,商人资本和产业资本采用正式或非正式合作方式,通常融为一体。当荷兰农业商品化、工场手工业规模化迅速扩大时，产业成长的预期收益吸引更多商人资本流向农业和工业，由于商人资本具有雄厚的资金、专业的商业技能，从而逐渐控制了生产和销售的全部过程；同时，与商人资本早期实行合伙制的原有生产者逐渐丧失生产资料，沦为工资劳动者。产业资本的增加进一步加强了农业产业化和工业的发展，即产业成长。在这一过程中，即 $Q_{t1} \rightarrow Q_{t2}$，逐渐形成专门从事农业、制造业的产业部门和专门为产业融资服务的金融部门，如图 2－1(b)。Q_{t2}表示金融成长的初始阶段。此时，产业成长内在地要求金融成长。

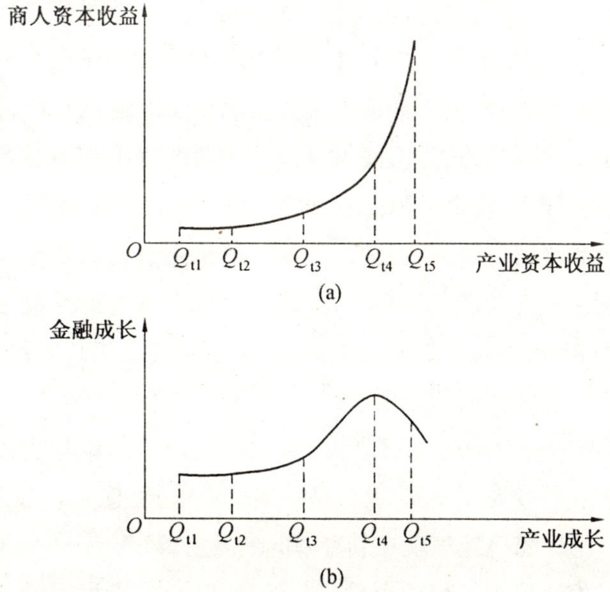

图 2－1　荷兰金融成长与产业成长演进路径示意图

2.1.2　现代金融制度的建立与国际贸易中心的确立

1. 现代银行制度与对外贸易

农业商品化和工场手工业规模扩大以及造船业的经济化促进了荷兰的对外贸易，对外贸易的迅速扩大内在地要求金融机构为之提供便利的国际贸易支付体系。在威尼斯银行业模式基础上建立的金融机构框架已不能使支付体系顺畅、有效。此时,1609 年建立的阿姆斯特丹银行进行了一个划时代的改革——银行券代替硬币,同时要求进出口商在该行开立账户,600 弗罗林以上的支付必须使用汇票。“银行券的发行与流通是金融史上一个重要的里程碑,也是金融对经济推动作用产生一个飞跃的转折点,最初发行是为了节约金属铸币和在支付体系内提高效率,但却为后来信用货币制度的建立做了重要尝试,开辟了通过创造廉价货币以促进经济发展的道路。”[123] 阿姆斯特丹银行的业务创新对荷兰经济发展产生了深刻的影响:首先,提高了支付效率,这是其最初的目的,而且事实也达到了预期目标。更为重要的是支付的便利吸引了更多的其他国家的商人在阿姆斯特丹银行结算,既带来了资金,也使阿姆斯特丹由一般的商品集散地演变为国际贸易中心。第二,信用工具的产生大大满足了产业成长所需资金。农业商品化和工场手工业规模的扩大,使得仅依靠内源融资不能满足产业成长的需要,传统的银行借贷既受资金来源约束,也有筹资成本过高的影响。信用工具的产生使得货币乘数作用出现,从而为产业成长提供强有力的资金支持。对外贸易迅速成长为荷兰的支柱产业。第三,降低了筹资成本。银行业务的创新大大便利了资金的借贷,也促进了银行业的竞争,大量银行聚集在阿姆斯特丹,使得银行的借贷利率比欧洲其他国家要低几倍,低利率贷款为产业扩大和产业结构调整提供了有力支持。正如马克思所言:“在荷兰,商业信用和货币经营已随着商业和工场手工业的发展而发展,而且在发展过程中,生息资本已从属于产业资本和商业资本。这一点已经表现在利息率的低微上。”[124]

银行体系的发达促进了荷兰现代商业的迅速成长,成为因经营转口贸易而发家的商业强国。荷兰作为国际贸易中心,可从进出口贸易和就业结构两方面加以说明。表 2 -4 为荷兰呢绒业贸易超过英国的过程,表 2 -5 为荷兰人口职业结构数据。

表 2 -4 英国、荷兰进口波罗的海呢绒比例

年份	1616	1621	1625	1630 ~ 1639
荷兰	16.4%	48.7%	38.7%	50% 以上
英国	80.7%	45.6%	58.2%	30%

资料来源:陈勇.商品经济与荷兰近代化[M].武汉:武汉大学出版社,1990:81.

2. 证券市场与贸易垄断

海外贸易的迅速成长激发荷兰人纷纷组织贸易公司，同时带动了银行业和保险业的扩大，如图 2－1 中，$Q_{t2} \rightarrow Q_{t3}$期，产业成长（海外贸易）大于金融成长，资金需求成为瓶颈；同时荷兰在早期实行的合伙制贸易方式问题凸显：这种具有短期行为特征的贸易方式与荷兰迅速壮大的海外贸易不相匹配。为解决长期资金问题，1606 年荷属东印度公司成立之时即发行了世界上第一张股票，这张股票让荷兰经历了整整一个世纪的辉煌。该公司采用股份制向全社会募集资金，有的股东只有几十个荷兰盾，表明股份制在荷兰已成为普及的筹资和投资方式。1608 年，阿姆斯特丹证券交易所建立，成为历史上第一个正式的股票交易所。尽管只有联合西印度公司和西印度公司的股票在此交易，另外还有政府发行的各种类型的债券（更多股票和证券交易在非正式市场交易），这个市场却拥有成熟的交易技术，包括期权和期货合约的使用。阿姆斯特丹是当时欧洲的商业中心，与此相匹配，该交易市场成为国际股票市场的中心。

17 世纪荷兰资本积累比欧洲各国的资本总和还要多，对外投资比英国多 15 倍。投资于欧洲、东印度和美洲的外国债券的资金超过 3.4 亿荷兰盾。英国国债的很大一部分由荷兰人持有，每年有上千万荷兰盾的利息收入[125]。更为重要的是 17 世纪中叶的“金融革命”——各省从向商人——银行家借款转为直接向富人出售国库券。据 17 世纪中叶英国驻荷兰大使坦普尔爵士估计，荷兰的国债持有者约有 65 000 人，涵盖了 30% 的家庭。国债本身从 1640 年的 9 500 万盾增加到 1688 年的 1.25 万亿盾，因此，阿姆斯特丹成为当时欧洲最著名的短期和长期信贷供应者，成为一个规模空前的国际金融市场。

如图 2－1(b) 所示，$Q_{t3} \rightarrow Q_{t4}$期，证券市场的迅速发展为对外贸易提供了丰富的资金，也解决了企业所需的长期资金问题；同时，证券市场的大众化使得金融成长快于产业成长，从而保证和加快了现代商业（海外贸易）的成长。

股份制帮助荷属东印度公司打败英属东印度公司，奠定了其贸易垄断地位；证券交易所和阿姆斯特丹银行的建立为对外贸易提供了雄厚的资本和便利的支付体系。资金的自由流动使阿姆斯特丹成为资金的集散地：一方面，现代金融制度的建立和金融工具的创新使国际资金大量流向阿姆斯特丹；另一方面，发达的金融体系又为荷兰和其他国家提供了廉价而便利的资金来源。金融成长把广大居民购买力的利益和产业成长(海外贸易)直接结合起来,促进了荷兰国际贸易中心地位的确立。荷兰成为国际贸易中心的同时,也成为国际金融中心。至此,现代金融制度已成功帮助荷兰确立了国际贸易中心。Q_{t4}期,金融成长和产业成长进入成熟期。

表2-5 荷兰近代人口职业结构

地区		年份	各类人员占人口的百分比				
			农业	工业	商业交通	其他职业	非专业性劳动者
总计	荷兰省北部	1811	35	29(38)	16	9	11(2)
	弗里斯兰	1749	44	27	18	9	2
	韦吕沃地区	1749	47	27	17	6	8
	奥弗赖塞尔	1795	46	36	12	5	2
城市	荷兰省北部	1811	17	33(43)	25	12	12(2)
	弗里斯兰	1749	5	45(49)	27	17	6(2)
	韦吕沃地区	1749	7	36(51)	26	13	17(2)
	奥弗赖塞尔	1795	13	49	23	14	1
一般乡村	荷兰省北部	1811	54	17(25)	12	7	10(2)
	弗里斯兰	1749	62	19	14	5	—
	韦吕沃地区	1749	66	22	6	2	3
	奥弗赖塞尔	1795	60	23	11	4	2
乡村工业地区	赞恩地区	1811	11	53(65)	14	8	14(2)
	特文特地区	1795	44	43	8	3	2

资料来源:陈勇. 商品经济与荷兰近代化[M]. 武汉:武汉大学出版社,1990:40.

注:“工业”项括号内数字,系加上“非专业性劳动者”项内经常参加工业生产的人数所占比例,后者比例在该项括号内顺减。

2.1.3 资本自由流动与产业衰落

海外贸易汇集的大量财富和诸多物产,源源不断流入荷兰,进而转化为巨额商业利润和资本,至17世纪中期,荷兰已成为世界商业霸主。然而,曾促使阿姆斯特丹成为国际金融中心的资金自由流动,出现国内资本脱离产业转向借贷资本,贷款回收的困难和泡沫经济的破灭,动摇着其金融体系的稳定。

首先,转口贸易的兴盛改变了商人资本的性质。商人资本原为获取商业利润而参与并逐渐控制国内产业生产,当转口贸易变得更为有利时,商人资本便倾向于进口而非制造,资本则由产业资本转向商业资本,显然阻碍了国内产业进一步成长。由于转口贸易的特殊作用,以阿姆斯特丹为首的商业城市,期望靠转口贸易扩大财富,无视国内工业成长的根本利益,刺激政府实行低关税。对国内工业放弃保护,也就意味着对国内产业成长的阻碍:海外贸易脱离国内产业成长,失去交换的基础;放弃国内工业保护,也就意味着商品生产国商品竞争力的提升和直接贸易的兴起,荷兰的转口贸易失去依托。商业资本在荷兰商品经济发展中不是逐步让位于工业资本,而是使工业资本越来越屈从于自己,这一演变趋势与西方近代资本结构演变的总趋势恰好相反[126]。

商人资本偏离产业引致国内产业的衰退,产业的衰退更进一步加剧产业资本转向借贷生息。这种转移导致国内金融与产业之间的恶性循环,不匹配关系显现。

其次,金融成长脱离国内产业成长,失去基础和载体。金融业在促进海外贸易迅速成长的同时,荷兰成为国际金融中心。然而,至17世纪后期,荷兰资本更多用于对外借贷而非国内产业投资。荷兰金融业的高度发达具体表现在利息率的低微上,而同期其他国家的利息率则是荷兰的几倍。由此不仅导致商人资本从产业资本转向借贷资本,而且促使商人(尤其是大商人)在国内低息借贷,国外高息放贷,进一步加剧国内产业资本和商业资本的减少。

第三,银行坏账形成金融危机。到18世纪末期,荷兰资本主义在很大程度上已由商业资本主义演变为借贷资本主义。对外大量放款为荷兰赢得了金融资本家的美誉。然而,对外放款的对象:一是外国政府、君主,一方面增强了外国的军事和工业实力;另一方面战争使得大量贷款成为坏账,严重影响着荷兰的金融业;二是对外金融投机,到17世纪下半叶,其影响超过对外贸易。1758年,荷兰商人购买的英格兰银行、英国东印度公司和南海公司股票占这些股票总额的1/3[127]。南海"泡沫事件"导致投资者损失惨重。坏账的形成和商人资本的损失大大降低了荷兰的金融竞争力。各种投机活动导致一系列银行破产倒闭,引发1763年的金融危机。

可见,产业资本和商业资本转向借贷资本,使得荷兰金融成长与产业成长之间的匹配关系出现偏离，借贷资本脱离国内产业，形成独立的超前的资本运动，类似于今天的虚拟资本的脱媒运动，失去了金融成长的基础和载体。如图2-1(a)(b)在Q_{t4}期发生逆转，产业资本流向商人资本，而图2-1(b)$Q_{t4} \rightarrow Q_{t5}$期曲线向下倾斜，由此形成恶性循环：资本的转移导致产业的衰落，产业的衰落导致更多资本转移和外流，而资本的转移和外流又加剧了产业的进一步衰落。到17世纪晚期，荷兰逐渐走向衰落。

2.1.4 小结

1. 产业成长是现代金融体系形成与成长的基础

一方面，农业、工场手工业、海外贸易等产业的兴起增加了融资需求，银行券、汇票、期权、期货、国库券等金融工具创新蓬勃发展，证券交易所、阿姆斯特丹银行、非正式交易市场等现代金融体系产生，产业成长引致金融成长；另一方面，金融成长又为农业、工场手工业、海外贸易等产业提供充足的资金，进一步促进产业成长，在这一过程中金融业本身得以成长。

2. 现代金融体系保证和加快了海外贸易的成长

阿姆斯特丹银行建立的支付制度第一次显示了现代金融制度的威力，促使阿姆斯特丹迅速成为国际贸易中心；荷属东印度公司发行的股票既保证了企业长期生存，又促使荷兰海外贸易迅速获得垄断地位；资金的自由流动促使阿姆斯特丹成为国际资金的集散地。因此，银行券、国库券、股票等金融工具的创新、银行制度和证券市场等金融制度创新既保证和加快了国际贸易中心的确立，又促进了金融业自身的成长，使荷兰保持了一个多世纪的世界霸权。根据马克思的说法，荷兰是“标准的资本主义国家”[128]，或如亨利·塞所言荷兰是“商业和金融资本主义的象征。”[129]

3. 金融成长与产业成长必须保持合理关系

金融成长以产业成长为基础。“郁金香事件”显示了泡沫经济的危害，此后历史上多次的泡沫经济与此都有相似之处——金融成长脱离产业成长必然带来泡沫的破灭；“南海事件”表明资本自由流动的负面效应，美国历史上也多次发生外国投资者遭受巨大损失的金融危机。因此，在金融全球化背景下，金融快速成长超过产业成长所需以及资本自由流动带来的危害已引起各国关注,尤其是拥有外国巨额证券资产时更应引起重视,国家金融安全成为政府的职能之一。

2.2　美国:从产业资本主义走向金融资本主义

美国是当今世界唯一超级大国,在短短的二百多年历史中,美国建立了在国际上极具竞争力的产业资本主义,并在二战后逐渐走向金融资本主义,影响着世界各国的产业成长模式,促使美国处于产业竞争的前沿。

2.2.1　金融成长与产业资本主义(1776~1944)

1. 金融法律制度、金融成长与产业结构升级

美国在建国以前没有真正的货币供应,也没有银行,采用古老的物物交换方式,或以某种商品作为媒介。这种落后的支付方式与这块蒸蒸日上的殖民地经济极不相称,当时的国际贸易、生铁出口和船队运输居主导地位。显然,货币制度的缺陷阻碍着产业成长。1776年建国后的美国仍处于金融混乱之中,汉密尔顿按照新的宪法重新构建美国的金融体系:①寻求建立一个完善的联邦税收体系,保证国家稳定的财政来源;②以美国政府信用作为担保,以优厚的条件发行新的债券偿还债务;③建立中央银行,管理财政并监管国家的货币供应。汉密尔顿计划的实施对美国经济发展产生了非凡而迅速的影响[130]。美国建立起了一个信誉良好的、统一的货币供应体系,自由准入制度使银行、股票交易所、证券交易所相继成立,完整的金融体系得以构建。此时,商业的迅速繁荣以及造船业和生铁生产对信贷、保险和其他金融服务的需求激发了金融业的进一步完善。稳定的货币制度、便利的支付体系和有效的投资和筹资渠道,使投资者根据市场信息和产业的成长特性将资金流向预期收益高的新兴产业,激励新兴产业的成长,提升国家竞争力。表2-6反映了美国的资本形成与国民生产总值的关系,表2-7反映了金融业的成长及其贡献。

表 2-6 1869~1916 年国民生产总值和总资本形成 10 亿美元①

时间(五年期间的每年平均数)	国民生产总值(GNP)	总资本形成(GCF)	总资本形成占国民生产总值百分比/%
1867~1871	9.1	2.1	23
1872~1876	11.2	2.6	23
1877~1881	16.1	3.7	23
1882~1886	20.7	4.5	22
1887~1891	24.0	5.9	25
1892~1896	28.3	7.4	26
1897~1901	35.4	8.7	25
1902~1906	45.0	10.8	24
1907~1911	52.5	11.7	22
1912~1916	59.7	13.1	22

资料来源:H·N·沙伊贝,H·G·瓦特,H·U 福克纳. 近百年美国经济史[M]. 彭松建,译. 北京:中国社会科学出版社,1983:320-331.

注①:1929 年价格。

表 2-7 金融业成长及其贡献 %①

<table>
<tr><td>时间</td><td colspan="2">1899 前</td><td>1899~1909</td><td>1909~1919</td><td colspan="2">1919~1929</td><td>1929~1937</td></tr>
<tr><td>金融业(包括服务业)产量之变化率</td><td colspan="2">5.4</td><td>5.2</td><td>2.5</td><td colspan="2">3.4</td><td>-1.4</td></tr>
<tr><td>时间</td><td>1870</td><td>1880</td><td>1890</td><td>1900</td><td>1910</td><td>1920</td><td>1930</td></tr>
<tr><td>金融业就业占总就业比重(%)</td><td>0.3</td><td>0.4</td><td>0.7</td><td>1.0</td><td>1.4</td><td>1.9</td><td>3.0</td></tr>
<tr><td>时间</td><td colspan="2">1869~1879</td><td>1879~1889</td><td>1889~1899</td><td colspan="2">1899~1908</td><td>1904~1913</td></tr>
<tr><td>金融业及其他对国民收入的贡献</td><td colspan="2">11.7</td><td>12.6</td><td>12.0</td><td colspan="2">16.0</td><td>16.2</td></tr>
<tr><td>时间</td><td colspan="2">1909~1918</td><td colspan="2">1914~1923</td><td colspan="3">1919~1928</td></tr>
<tr><td>金融业及其他对国民收入的贡献</td><td colspan="2">15.4</td><td colspan="2">15.0</td><td colspan="3">15.7</td></tr>
</table>

资料来源:H·N·沙伊贝,H·G·瓦特,H·U 福克纳. 近百年美国经济史[M]. 彭松建,译. 北京:中国社会科学出版社,1983:320-331.

注①:以当时物价为计算标准。

2. 金融资本和产业资本的有机融合与巨型产业

在 1815 ~ 1860 年美国制造业发展中，制造业企业以厂商和商人的正式或非正式合作形式而存在。在这种传统的商人财富、智慧、制造业新技术的合作基础上，产生了美国产业成长的两大支柱——生产产品的工厂体系、为生产和销售融资的专业机构（Livesay 和 Porter）[131]。

证券市场突出地表现了金融资本和产业资本的融合。以及金融对产业成长的加速器作用：1807 ~ 1837 年伊利运河的建设和开通产生了运河股票概念；1837 ~ 1857年铁路运输及相关产业、通讯（电报）产业、矿业开发导致铁路证券的大量发行，黄金供应增加，场外交易大幅增长；1873 ~ 1884 年钢铁工业和铁路运输业使得工业股票成为主体；1914 ~ 1920 年一战的爆发使美国国内工业生产急剧膨胀，证券市场既筹集到战争经费，也为国内工业迅速扩张提供了资金；1920 ~ 1929年汽车工业、耐用消费品和建筑业成为主导产业，金融体系不断创新，信用制度产生，杠杆融资为三大主导产业提供生产和消费资金。可见，产业成长内在地要求金融成长，而金融资本和产业资本的融合促进了产业迅速成长。

1860 年以前，美国增加产值的主要行业都是依靠农业或伐木业。之后，农业增加值比重下降，到 1904 年，钢铁工业已经上升到具有决定意义的第一位。而钢铁工业的发展对整个制造业具有重要性：各个钢铁公司积极推动技术革新，使美国钢铁工业的技术迅速超过其他工业国家。钢铁工业作为基础工业，其“向后连锁”推动了用钢铁做原料的工业成长，推动了铁路运输和船运业的发展，也影响着其他工业活动的展开；其“向前连锁”，提高了使用钢铁材料的各种工业生产率的提高。冶金工业和利用石油润滑剂的发展刺激了机床设计和制造业的发展。正如历史学家内森·罗斯伯格所说：“机床企业起到技术中心传播新技术的作用。”[132]以机床装备起来的大规模生产带来了美国企业成长的根本性变革——巨型公司出现：汽车工业成为一种重要的新兴工业部门，也是巨型公司的代表。其他工商业也出现大集中的变化趋势。

面对工业化时期巨型公司的出现，金融业不得不联合和集中：19 世纪 80 年代居于支配地位的一些金融公司、保险公司和投资银行，其所拥有的资产远远低于 19 世纪 60 年代最大的企业。1912 年，纽约三大主要投资银行共有资产 632

百万美元,而它们参与的一百多家合股公司共有资产 220 亿美元[133]。因此,金融业同样出现联合和集中,而南北战争开始时的银行立法大大推动了银行业集中化的趋势。从 1840 年起,联邦政府取消了对全国银行业的任何监督管理。1863 年,批准营业的银行保持有 25% 的现金储备,以此作为银行发行钞票和各种存款所代表的债务的担保。这一改进为银行的繁荣创造了新机会。同时,巨型金融企业为托拉斯的股票、托拉斯证券以及少数大型工业企业担任经纪人,进一步推动了合并浪潮。1901 年一些行业的集中率指数分别高达 78.8%(钢铁工业)、71%(纸张及其产品)和 57.3%(运输设备)[134]。表 2-8 显示企业合并情况和合并的资本数。

表 2-8 合并中所吞并的企业和合并的资本数(1895~1920)

年份	合并中所吞并的企业数	合并的资本数/百万美元
1895	43	40.8
1896	26	24.7
1897	69	19.7
1898	303	650.6
1899	1 208	2 262.7
1900	340	442.4
1901	423	2 052.9
1902	379	910.8
1903	142	297.6
1904	79	110.5
1905	226	243.0
1906	128	377.8
1907	87	184.8
1908	50	187.6
1909	49	89.1
1910	142	257.0
1911	103	210.5
1912	82	322.4
1913	85	175.6
1914	39	159.6
1915	71	158.4
1916	117	470.0
1917	195	678.7
1918	71	254.2
1919	171	981.7
1920	206	1 088.6

资料来源:H·N·沙伊贝,H·G·瓦特,H·U福克钠. 近百年美国经济史[M]. 彭松建,译. 北京:中国社会科学出版社,1983:320-331.

可见,金融资本和产业资本的有机融合,铸造了美国庞大的巨型产业(即使时至今日,美国仍以巨型公司为主要组织形式),美国产业成长为世界领先者(表2-9和表2-10);而第一次世界大战进一步促进了美国证券市场的繁荣,美国成为最大的债权国。自此,美国成为产业资本主义国家的代表,“美国世纪”开始。

表2-9　世界各国制造业分配之百分比①

年份	美国	德国	英国	法国	苏联	世界
1870	23.3	13.2	31.8	10.3	3.7	100
1897~1900	30.1	16.6	19.5	7.1	5.0	100
1913	35.8	15.7	14.0	6.4	5.5	100
1913②	35.8	14.3	14.1	7.0	4.4③	100
1926~1929	42.2	11.6	9.4	6.6	4.3③	100
1936~1938	82.2	10.7	9.2	4.5	18.5③	100

资料来源:H·N·沙伊贝,H·G·瓦特,H·U福克钠. 近百年美国经济史[M]. 彭松建,译. 北京:中国社会科学出版社,1983:320-331.

注:①包括制成品,半制成品;②第二栏系根据一次大战后所定国界内之分配情形;③苏维埃社会主义共和国联盟

表2-10　世界贸易之分配(若干国家所占之百分比)

年份	美国	英国	德国	法国
1860	9	25		11
1880	10	23	9	11
1990	11	21	12	8
1913	15	17	12	7
1929	14	14	10	6
1938	23.1	13	9.2	4.7

资料来源:H·N·沙伊贝,H·G·瓦特,H·U福克钠. 近百年美国经济史[M]. 彭松建,译. 北京:中国社会科学出版社,1983:354.

3. 国际金融中心与产业资本主义

纽约成长为国际金融中心标志着美国产业资本主义的形成。首先,产业成长内在地呼唤产品定价权。美国高度发达和完善的金融市场如期货市场、期权市场等几乎集中了主要原材料、矿产品的交易,在保证美国国内产业生产和消费

的同时，确保了美国对产品的定价权。即使时至今日，许多原材料、矿产品、消费品由日本、中国等国生产和消费，美国仍拥有定价权，实际上美国通过金融市场来控制他国生产和消费，并从中赚取丰厚的定价收益。其次，资金自由流动以及美国高度发达的金融市场使美国成为最大的资金投资地和来源地，从而使美国拥有了资产定价权（表2－11）。美国历史上多次金融危机，损失的是外国（尤其是欧洲）投资者，而美国却获得发展产业所需资金。最后，市场主导型金融体系的巨大优势在于每个人都能根据他们的意愿投入或撤回资金，这种灵活性使得很多新产业在美国发展起来[135]，促使美国处于产业竞争的前沿。

表2－11　外国在美国投资及美国对外投资　　亿美元

<table>
<tr><td>年 份</td><td>1860</td><td>1885</td><td colspan="2">1895</td><td>1908</td></tr>
<tr><td>外国在美国投资</td><td>4</td><td>19</td><td colspan="2">33</td><td>64</td></tr>
<tr><td>年 份</td><td>1897</td><td>1908</td><td>1914</td><td>1919</td><td>1929</td></tr>
<tr><td>美国对外投资
（包括有价证券投资）</td><td>6.845</td><td>25.248</td><td>35.138</td><td>70</td><td>170</td></tr>
</table>

资料来源：H·N·沙伊贝，H·G·瓦特，H·U福克纳．近百年美国经济史［M］．彭松建，译．北京：中国社会科学出版社，1983：218，238，440.

2.2.2　金融资本主义与世界各国产业成长模式（1944至今）

1. 金融资本主义的形成

（1）美元特权地位与金融资本主义的基础。二战后美国已发展成为事实上的超级大国，美元帝国建立的时机已成熟。1944年的布雷顿森林体系确立美元等同于黄金，美元成为世界货币。自此，美国可以依靠印发钞票赚取铸币收益（表2－12）、无偿占有他国财富——表现为美国的巨额贸易逆差（表2－13），又可利用美元干预别国政治经济。而美国主导的关贸总协定（WTO）、IMF等成为美国干预他国合法的工具。美元特权地位的确立，使得美元具有天然的市场基础。在布雷顿森林体系下，既构成了“特里芬难题”，又为美国走向金融资本主义奠定了基础。

表 2－12　美元的国际铸币税收益　亿美元

年份	美元储备存量	经常项目余额	美元持有量	收益率之差（10% ~3%）	国际铸币税收益
1977	1 902.28	－151	1 902.28	7%	133.16
1980	2 063.5	21.5	2 039.77	7%	143.54
1985	2 006.55	－1244.7	4 784.3	7%	291.34
1990	3 800.9	－789.6	10 859.68	7%	732.54
1995	6 955.45	－1094.72	14 397.74	7%	969.53
2000	12 146.75	－4134.42	26 157.43	7%	1 686.32
2001	12 897.65	－3856.99	30 014.42	7%	1 966.02
2002	14 202.15	－4739.43	34 753.85	7%	2 266.89
2003	17 961.74	－5306.64	40 060.49	7%	2 618.5
2004		－6659.39	46 719.88	7%	3 037.31

资料来源：转载：宋芳秀，李庆云．美元国际铸币税为美国带来的收益和风险分析[M]．国际经济评论，2006，7－8：54－56.

表 2－13　1946～1999 年美国贸易和经常项目收支状况　百万美元

年份	商品收支	商品和服务收支	经常项目收支
1950	1 122	1 188	－1840
1960	4 892	3 508	2 824
1971	－2260	－1303	－1433
1976	－9483	－6082	4 295
1980	－25500	－19407	2 317
1985	－122173	－121880	－119062
1990	－109030	－79939	－79332
1995	－173729	－97539	－113566
1996	－191270	－104318	－129295
1997	－196651	－104730	－143465
1998	－246932	－164282	－220562
1999	－345559	－264973	－331475

资料来源：转引：甄炳禧．美国新经济[M]．北京：首都经济贸易大学出版社，2001：134.

注：收支状况栏内“－”为逆差。

随着美国经济实力的下降，美国政府维持其美元国际地位而采取各种措施：表面解决美国巨额贸易逆差的“广场协议”，实际是为了打击美国最大的债权国——日本（图 2－2）；日本在美国的巨额资产大幅度缩水，而且其资产的很大部分购买美国国债，日本被迫主动保卫美元。为了遏制日本银行的高速扩张，美国政府将适用于本国的银行经营风险标准通过国际清算银行出台了具有国际约束力的巴塞尔协议，使得日本银行大规模缩减国内外的贷款规模，日本进入了长达10多年的衰退。美国政府成功地保卫了美元，遏制了日本的发展。

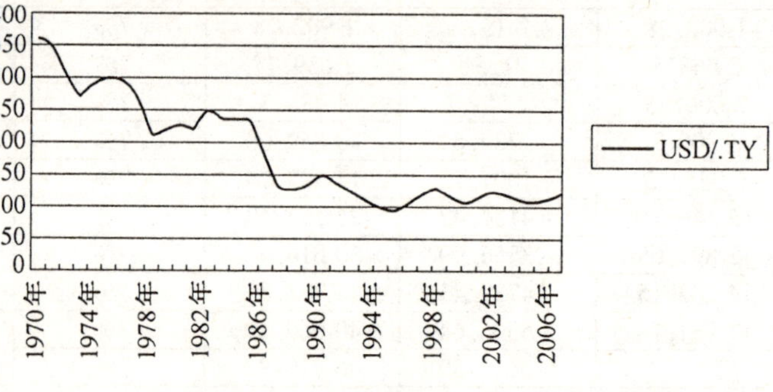

图2－2 日元与美元汇率

1999年欧元的流通给美元带来了前所未有的挑战，美元大幅度贬值。此时，美国政府公然轰炸南联盟，作为北约成员的欧洲主要国家的参与，使得国际社会对欧洲的国际地位持怀疑态度，欧元开始贬值（图2－3）；而战争在欧洲大陆，产生的战争费用、大量难民和环境污染由欧共体来承担；欧共体的经济增长幅度下降，欧元长期维持在低位，美元再次赢得了胜利。

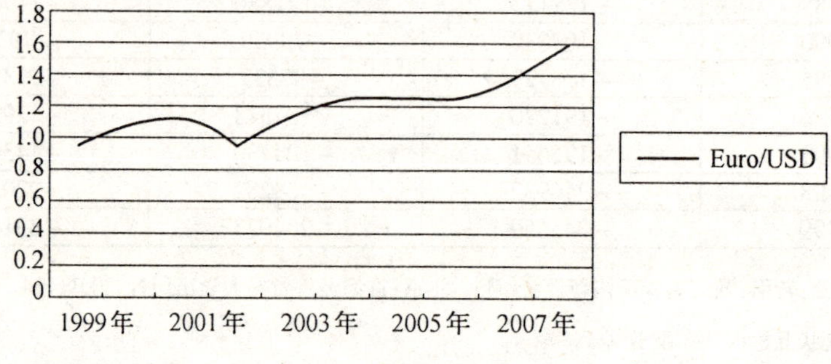

图2－3 欧元与美元汇率

进入21世纪以来，美、日等国联合要求人民币升值，这既是美国政府转移国内关于贸易逆差的指责，又是遏制中国经济发展的战略；同时，广大的发展中国家依靠向美国出口和购买美元国债来主动维持美元稳定，风险由发展中国家来承担。

美元的长期国际霸权地位也使美国政府、民众产生了整体利益思维，认为政府维持美元的国际干预行动是必要和应该的。这种思维定式下的美元汇率形成机制中政府因素的作用在可预见的中长期内不会变化。

(2)浮动汇率制度与全球货币市场交易。1972 年，美国经济的相对衰退迫使美国政府宣布停止美元兑换黄金，宣告了布雷顿森林体系的解体。随之，浮动汇率制度的确立使得主要发达国家的货币成为货币市场的交易对象。汇率的剧烈波动产生了货币期货、货币期权、货币互换等金融衍生产品，成为各国金融市场的主要交易对象，全球货币市场交易形成。美元虽不等同于黄金，但美元的特权地位并无根本撼动，全球货币市场交易的形成实际上仍以美元为交易中心，美元成为事实上的本位币(表 2 - 14)。美国仍可享受布雷顿森林体系的好处，又不必承担责任。因此，浮动汇率制度产生了全球货币市场交易，美元成为事实上的货币市场交易的核心，成为美国金融资本主义的统治工具。

表 2 - 14 美元在国际体系中的地位 %

项 目	美元	欧元	日元	其他
全世界 GDP 的货币构成 USD48trn	28	22	10	40
全球贸易的货币构成 USD12trn	26	29	10	40
全球贸易结算的货币构成 USD12trn	56	23	3	18
全球外汇储备货币构成 USD5trn	66	23	4	5

资料来源：《新货币主义》。转引：刘光溪，苏鹏．新货币主义与美国金融危机[J]．国际贸易，2008，11:58 - 66.

(3)金融创新与金融交易工具及交易制度。20 世纪 70 年代，由于避税、降低交易成本和代理成本、风险重配、增加流动性、规避管制等(Finnerty)[136]，美国掀起了金融创新的高潮，金融创新通过降低消费者所负担的金融中介的金融服务成本，从而使得市场更加有效率，金融创新还能填补现有产品或服务间的空白，并且一开始就是面向完全市场的(Horne)[137]。高新技术产业的兴起为金融创新提供了基础设施和技术条件，而高新技术产业高风险高收益的特征内在地要求金融创新(包括金融工具、金融制度和金融管理等方面的创新)。金融创新孵化和培育了微软等 IT 产业的龙头企业，成就了美国生物工程技术、空间技术等高新技术产业。实际上,新的金融产品只不过是金融工具在某些一般特性组合上的变化。垃圾债券和票据发行便利表现了金融创新采纳和扩散过程的竞争性、战略性本质的特征(Molyneux 和 Shamroukh)[138]。由美国引发的金融工具创新为了更大的收益,学术界和金融机构推动了全球金融自由化浪潮,从制度上为金融衍生交易提供了保证。

金融工具创新带来了金融机构的变化。美国 1999 年《金融服务现代化法案》的通过,标志着发达国家的金融业经营体制向混业经营的根本转变。这种经营模式代表了当今国际金融业的最新趋势。混业经营实际上本身即是金融创新,是金融制度的创新。

在美国的推动下,1988 年巴塞尔协议的形成以及 2004 年 6 月 26 日《资本计量和资本标准的国际协议:修订框架》的颁布,使资本充足率成为金融成长理论的重要内容,其对经济发展的影响引起广泛的讨论。显然在加强金融监管的同时,资本金要求约束了银行可贷资金,改变了货币政策的传导机制,对没有充分资本金的国家尤其是发展中国家而言,将会面临经济紧缩。实际上,1988 年巴塞尔协议的形成和 2004 年的《资本计量和资本标准的国际协议:修订框架》是美国国内法的国际延伸,一方面是为了防范金融创新所带来的新的金融风险,另一方面通过没有法律约束但却无形中制约着国际银行业的发展方式来约束其他国家尤其是发展中国家的金融业的成长;同时利用等级评定人为压低他国资信,又赚取巨额评级服务收益。因此,金融创新与金融自由化为全球货币市场交易提供了便利的交易工具和交易的制度保证。

2. 金融资本主义、金融控制与世界各国产业成长模式

浮动汇率制度的形成标志着全球货币市场交易的形成,金融衍生产品为金融交易的便利化提供了工具基础,金融自由化为全球范围内大规模的金融交易提供了制度保证,而美元特权地位使得美元具有天然的市场基础,为美国金融资本主义模式的确立奠定了基础。美国完成了从产业资本主义过渡到全新的金融资本主义,使美国对世界的控制由资源控制转向金融控制,对世界各国尤其是发展中国家的产业成长构成威胁。首先,现代生产更多是规模生产,金融成为项目是否可行的关键。金融全球化使得生产要素在世界范围内流动,金融更是凸显

其重要性。因此,在一定程度而言,产业成长更多由金融成长来决定。美国发达的金融市场保证和加快了产业成长。第二,金融创新使美国拥有最先进、最完善的金融工具,从而拥有商品定价权和资产定价权;银行业由分业经营转向混业经营,保证了美国银行业的强大的竞争优势;资本充足率的要求实际上是美国国内法的国际延伸,无形中制约着国际银行业的发展方式来约束其他国家尤其是发展中国家的金融业的成长,从而约束产业成长。第三,资信等级评定既带来了巨额服务收益,也保证了美国金融资本主义的政治经济利益。美国是最大的国际金融市场,国际筹资者必须通过资信等级评定,而最具权威的评级机构显然是美国的评级公司。表面客观的结果实际上隐含着评级者的政治态度,资本充足率的要求实际上使约束美国银行的巴塞尔资本协议成为他国的强制性要求,而评级结果足以使筹资者的成本相差几倍(如美国等发达国家的资信等级通常为AAA,而发展中国家通常为B甚至C)。第四,美元特权是美国金融资本主义的统治工具。美元事实上的本位币为美国带来了巨额的铸币收益;美元汇率的变动可以顷刻间使美国无偿占有他国积累多年的财富,也可在一夜间毁灭一国经济体系;而美元的币值稳定却由他国来主动维持。如"广场协议"使日本陷入经济衰退,债务危机使拉美政治经济困难重重等等。

2.2.3 小结

1. 金融寡头的形成是美国称霸的加速器

由于有金融资本的支持,金融寡头通过"参与制"对企业实行层层控制,从而支配比自己资本大许多倍的资本,形成产业垄断。由此金融寡头控制着产业的生产、销售和研发的各个环节,既保证在国内、国际市场的垄断利润,又保证自己处于产业竞争的前沿。如洛克菲勒、摩根集团等,不仅控制了国内经济,而且保证了自己在国际市场的竞争优势。这种优势显然是单纯的产业组织所不能相比的。

2. 金融成长促使美国处于产业竞争的前沿

金融业的形成与成长促进了产业成长,纽约成为国际金融中心标志着美国成为产业资本主义国家。二战后,美国金融体系在世界处于领先地位,浮动汇率制下的金融创新、混业经营、新巴塞尔资本协议以及美元特权地位使美国完成了从产业资本主义过渡到全新的金融资本主义,金融体系的转型使美国对世界的控制由资源控制转向金融控制,促使美国保持产业竞争优势。一国的产业竞争力有其内因,但作为外部因素的金融成长可保证和加快产业成长。在金融全球化背景下,产业成长仍是金融成长的基础,但产业成长却越来越从属于金融成长。如日本主导产业刚成长为具有国际竞争力的产业即遭受"广场协议"的打击,20 世纪 80 年代拉美的债务危机使多年的进口替代战略毁于一旦;1997 年东南亚国家蓬勃发展的新兴工业由于金融危机(表现为不能维持本币与美元的汇率)而一夜崩溃……许多事实表明,一国苦心经营的产业成长之路,被美元一夜之间摧毁。

3. 从产业资本主义走向金融资本主义

美国金融与产业成长的历史演进路径表明,在经济发展初期,产业成长居于主导地位,金融成长服务于产业成长,美国构建了产业资本主义。当金融业取得产业成长的话语权时,即金融业衍生与附加了商品定价权和金融资产定价权时,优先发展金融业成为经济发展的重要内容,美国积极构建金融资本主义,促使美国处于产业竞争前沿。但上世纪 90 年代末金融成长远远超过产业成长所需,2007 年爆发金融危机。这次危机引发了人们对美国金融资本主义模式的反思,说明金融成长与产业成长必须保持合理匹配关系。

2.3 日本:金融成长服从于产业成长

日本从落后的封建国家经过"明治维新"建立了资本主义制度,并且一直实行赶超欧美的产业政策,政府构建了为产业政策服务的间接融资体系,促使日本于 20 世纪 70 年代实现了赶超目标,成为世界第二经济大国。

2.3.1 间接融资、财阀与产业立国(1868~1945)

明治维新被认为是日本经济发展的新篇章,自此之后,日本实现了长期、稳定的发展。

1. 间接融资与产业政策

明治政府追求军事和工业实力等目标，废除封建领地，建立了更具流动性和更具活力的社会秩序。在推进现代化过程中，政府实行“自上而下工业化”政策。这表现在：①1870 年建立的工业部实施了引进相对先进的西方技术的计划。②政府对企业进行技术改造。③强制性初等教育。在政府的产业政策指导下，日本的产业结构发生很大变化。图 2－4 显示，即使到 1935 年基础工业就业人数占整个就业人数的主要部分，而第三产业在 1872 年就占有很大比例，第二产业在 1911 年明治末期重工业和化工产品占全部制造业的 20%，纺织品从 1895 年的大约 50% 下降到十年后的 30%[139]。

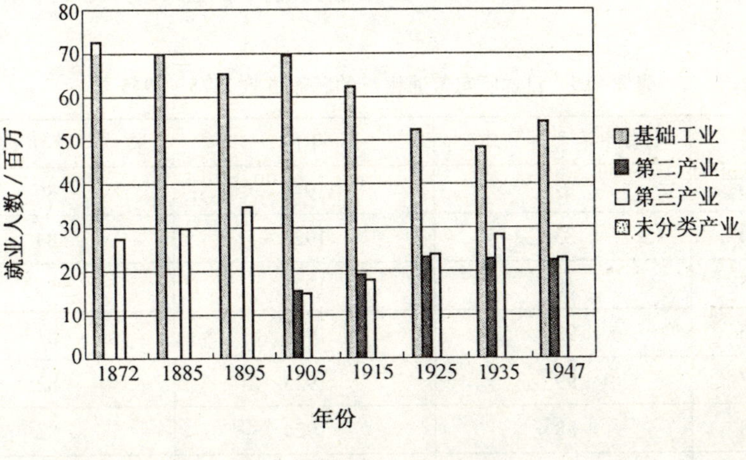

图 2－4　日本产业结构的改革

明治政府鼓励工业化，“殖产兴业”，但当时私人持有资产并不充裕，银行存款积聚不足。因此，政府于 1872 年颁布国家银行法：对利息收入实行税收优惠，允许资金贷款者从税前利润中勾销利息支出；通过银行来集聚小额储蓄，银行的准入和退出比较宽松，全国性银行数量由 1890 年的 352 家，至 1900 年达 2 271 家，直至 1930 年由于政府干预降至 895 家，1940 年 366 家，至 1950 年只有 76 家[140]。至此，日本建立了以间接融资为中心的现代金融体系，并由此形成日本金融业长期存在的超额贷款特征（表 2－15）。国家银行法的颁布，同时也激发了企业向银行贷款的动力，从而形成企业更多依赖外部融资的现象，逐步形成银行超额贷款、企业超额借款的金融结构特征（表2－16）。

2. 财阀与产业控制

在资本主义确立过程中，有一个重要的经济现象即是日本财阀建立的财阀垄断体制。从政商演变而来的财阀家族以金融资本为支撑，采取金字塔式的垂直控股方式，控制了全国实际资本的相当部分和几乎所有重要的产业部门，从而控制了国家政治经济命脉，充分显示了金融资本和产业资本有机融合产生的巨大作用。表2－17显示了日本八家巨大企业的股权集中情况，占股东总数比重1%左右的大股东，占据了股份总数的大部分，反映了财阀对产业的控制。这种财阀垄断体制虽然是以血缘为纽带的股份制公司，客观上却促进了日本产业规模的扩大和竞争力的提升，对日本迅速走上发达资本主义国家起到积极的促进作用。

表2－15 日本所有普通银行的超额贷款1873～1945年 %

年份	贷款/（存款＋资本）	年份	贷款/（存款＋资本）
1893	87	1919	86
1894	83	1920	84
1895	88	1921	80
1896	98	1922	81
1897	99	1923	82
1898	88	1924	82
1899	93	1925	82
1900	93	1926	81
1901	86	1927	74
1902	83	1928	67
1903	83	1929	64
1904	81	1930	64
1905	79	1931	66

续

年份	贷款/(存款+资本)	年份	贷款/(存款+资本)
1906	82	1932	73
1907	85	1933	58
1908	76	1934	54
1909	77	1935	53
1910	78	1936	53
1911	82	1937	55
1912	83	1938	53
1913	85	1939	52
1914	84	1940	53
1915	79	1941	49
1916	81	1942	47
1917	78	1943	50
1918	78	1944	55

资料来源:[日]铃木淑夫. 现代日本金融[M]. 徐笑波,译. 上海:上海三联出版社,1991:10-11.

注:所有银行的存款包括金融债券,但要扣除托收过程中的支票和票据。

表 2-16　公司各种资金来源份额的变化趋势　%

年份	股本	外部资金	贷款	总计
1914～1920	70.9	29.1	—	100.0
1926～1930FH	69.1	30.9	—	100.0
1921～1925	58.9	41.1	—	100.0
1928～1934	56.9	43.1	6.3	100.0
1935～1940	57.7	42.3	5.4	100.0
1941～1943FH	49.0	51.0	7.4	100.0

资料来源:[日]铃木淑夫. 现代日本金融[M]. 徐笑波,译. 上海:上海三联出版社,1991:29.

注:对年数据进行了统计平均;FH=上半年。

表 2-17 日本八家巨大企业股份所有的集中情况 %

公司名	大股东		中股东		小股东	
	占股东总数比重	占股份总数比重	占股东总数比重	占股份总数比重	占股东总数比重	占股份总数比重
东京电灯	1.6	52.8	18.1	31.4	80.3	15.8
东部电力	1.5	42.1	19.0	38.2	79.5	19.7
川崎造船所	0.5	59.8	5.7	18.2	93.8	22.0
日本邮船	0.8	45.3	13.6	31.2	85.6	23.5
大阪商船	0.5	24.8	14.1	41.3	85.4	33.9
钟渊纺织	0.9	45.5	11.5	30.5	87.6	24.0
日本石油	0.7	33.2	11.3	34.2	88.0	32.6
日本劝业银行	0.9	38.6	9.7	36.2	89.4	25.2

资料来源:转引:课题组. 日本经济的活力[G]. 北京:航空工业出版社,1988:192.

注:大股东——战前(1934 年)1 000 股以上;中股东——战前(1934 年)100 - 1 000 股;小股东——战前(1934 年)不到 100 股。

2.3.2 主银行制度与产业赶超(1945 ~ 1990)

1. 主银行制度与产业规制

战后,日本政府面临经济重建的课题,而产业恢复和成长则是重中之重。通产省制定了产业政策,认为钢铁、造船、化学和机械制造等产业具有广阔且快速发展的世界市场,将这些产业作为 20 世纪五六十年代的主要目标产业,制定各产业规制,一方面允许特定企事业进入,另一方面对产业的价格和标准等进行规制。突出的是为保证产业政策的顺利实施,政府实行严格银行准入和退出制度,1960 ~ 1980 年全国性银行数量稳定在 86 家;银行业务给予限定,由此形成城市银行对大企业贷款、地方银行对小企业贷款,形成稳定的银企关系,并实现了银行和企业之间的内部监管机制,构成官民协调的金融体制,政府、银行、企业三位一体,相互协调。政府在产业成长中的作用如表 2 - 18 所示,规制尤其是金融规制,既维护社会经济秩序,又保证产业的扩大,促进产业结构升级。

2. 金融结构与垄断产业集团

超额贷款、超额借款、银行流动性的不平衡和占主导地位的间接融资，在支持产业成长的过程中，日本金融结构的四大特征得以形成和巩固[119]，四大特征成为日本金融成长的重要特征和进一步发展的制约因素。主银行制度使银企关系牢固，有利于金融资本和产业资本的融合。以金融机构为首的法人投资者对企业持股并成为大股东，与企业形成稳定的交易关系，而且成为企业稳定的股东。这种以资本关系为纽带的企业集团相互持股，形成一种密切的、稳定的关系，进而构建了主导日本经济的垄断产业集团。表 2 - 19 显示，在 1 ~ 10 亿日元及以上的企业，占全部法人企业 0.82% 的企业拥有全部法人企业实缴资本的 74.5%；而在最大的一百个公司，企业数仅占企业总数的 0.012%，企业实缴资本的集中程度却为 33%。这种现象既反映了资本的集中程度，也反映了通过资本为纽带的产融结合对产业成长的促进作用。

表 2 - 18　规制在各个行业中所占的比重

行业	附加价值额/亿日元	规制部分的附加价值额/亿日元	规制部分所占比重/%
农林水产业	102 189	89 044	87.1
矿业	11 454	11 454	100.0
建筑业	411 309	411 309	100.0
制造业	1153 949	162 839	14.1
批发零售业	574 807	-	-
金融、保险和证券业	219 628	219 628	100.0
房地产业	420 435	31 630	7.5
运输通讯业	275 104	267 765	97.3
水电热煤气	107 815	107 815	100.0
服务业	1016 722	565 094	55.6
公务	144 865	0	0
其他	23 300	0	0
合计	4461 570	1833 578	41.8

资料来源：孙景超，张舒英．萧条与复苏冷战后的日本经济[M]．北京：社会科学文献出版社，1998：236.

注：1. 本表系日本经济企划厅根据通产省发表的《1990 年产业关联表》中的粗附加价值计算而得。

2. 服务行业包括了文教、医疗和福利等。

表 2-19 企业数及实缴资本规模构成(1969 年度)

实缴资本规模	企业数(公司)	构成比/%	实缴资本/百万日元	构成比/%	每公司平均实缴资本/百万日元
500 万日元以下	704 367	85.32	880 894	8.91	1.3
500~1 000 万日元	60 823	7.37	378 464	3.83	6.2
1 000~5 000 万日元	47 694	5.77	888 904	8.99	14.6
5,000~1 亿日元	5 951	0.72	373 200	3.77	62.7
1~10 亿日元	5 671	0.69	1 388 401	14.04	244.8
10 亿日元以上	1 099	0.13	5 981 546	60.47	5 442.7
合计	825 605	100.0	9 891 409	100.0	12.0
最大的一百个公司	100	0.012	3 266 061	33.02	32 660.6

资料来源:[日本]中央大学经济研究所编.战后日本经济—高速增长及其评价[M].盛继勤,译.北京:中国社会科学出版社,1985:75.

注:最大的一百个公司已计入实缴资本规模在 10 亿日元以上的数内。

3. 金融服务于产业成长的成就

政府的产业政策和为之服务的金融业以及有力的产融结合使日本产业快速成长并实现赶超欧美的目标(表 2-20)。产业的成长进一步壮大银行业的成长,银行业开始对外扩张。因此,日本政府提出向知识密集型产业结构转变的政策目标,重点发展了电子计算机、半导体、集成电路等;20 世纪 80 年代,日本政府又提出“技术立国”,进入“信息社会”。同时,金融成长也进入新阶段,1980 年 12 月《新外汇法》的实施标志着日本金融自由化正式开始,与产业成长国际化相匹配,日本金融成长也呈现国际化特征,表 2-21 显示日本金融业在国际市场已成为主要竞争者。

表 2-20　战后日本产业成长国际比较（按职工比例%）

		日本		美国		联邦德国		英国	
		1960 年末	1978 年末	1960 年平均	1977 年平均	1960 年 9 月	1978 年 9 月	1960 年 6 月	1978 年 6 月
重化工业	金属工业	12.9	13.5	13.6	13.6	19.0	16.1	13.2	13.7
	机械工业	25.3	31.6	28.0	31.3	32.0	42.0	36.7	38.2
	化学工业	5.7	4.2	5.3	5.2	8.0	8.1	6.0	6.4
	食品工业	11.1	10.7	10.7	8.1	7.1	6.7	9.2	9.8
轻工业	纤维工业	18.0	13.0	12.7	11.3	13.0	7.9	16.9	12.0
	其他	27.0	27.0	29.7	30.5	20.9	19.2	18.0	19.9
总数		100.0	100.0	100.0	100.0	100.0	100.0	100.0	100.0
实数(千人)		8 169	10 890	16 727	19 590	7 438	7 351	8 851	7 298

资料来源：矢野恒太纪念会编．日本 100 年[M]．北京：时事出版社，1984：227.

注：系 20 人以上的工业企业的调查。

2.3.3　产业成长与金融成长外部环境（1990 至今）

1. 金融市场与新兴产业成长

二战后政府实行的产业政策和与之匹配的金融政策促使日本多项产业在国际上处于领先地位，银企之间形成长期的、稳定的密切关系。这种关系为日本实现赶超欧美成为世界经济大国作出巨大贡献。随着日本经济的持续发展，20 世纪 80 年代开始实行金融自由化政策，以 1980 年实施新《外汇法》为起点，日本开始了资本市场的自由化和国际化。在金融自由化浪潮推动下，1985 年日本存款利率开始逐渐放开，金融市场的金融创新不断，离岸金融市场、国内商业票据市场等相继设立，日本的金融体系出现翻天覆地的变化。金融市场的规模不断扩大、结构不断调整（表 2-22），企业筹资来源发生变化，通过资本市场筹资增加的幅度加大。金融成长中金融结构的变化产生了两个重要影响。

表 2-21　1998 年日本金融实力的国际比较　　　　亿美元

	日本	美国	英国	德国	法国
全国银行					
总资产	67 356	53 466	43 064	60 297	19 971
吸收存款总额	48 837	34 817	14 556	14 944	9 227
贷款总额	41 676	33 322	13 996	23 019	8 851
对外资产	8 435	2 421	19 054	8 289	7 368
对外负债	6 936	4 467	18 674	7 608	6 945
对外纯资产	1 499	-2046	380	681	423
国民经济各部门金融资产总额					
公共部门	18 217	15 754	2 823	3 767	4 983
非金融法人企业	62 364	64 801	12 126	19 002	39 680
家庭(个人)	108 485	302 646	44 934	33 968	27 154
金融资本市场规模					
短期金融市场	12 386	35 445	5 142	4 482	3 578
证券发行额	7 707	17 009	459	6 128	1 312
股票	170	1 276	80	276	506
中长期债券	7 537	15 733	379	5 852	806
股市总值	23 805	104 000	22 977	10 891	9 852
股市交易额	7 446	73 179	30 040	14 882	5 862
债券总市值	21 635	25 541	1 354	28 486	8 870
债券交易额	680	38	17 438	14 915	4 503
国际金融交易的规模					
1989 年 3 月末	18 789	6 829	2 517	3 547	3 924
占世界比重/%	39.4	14.3	5.3	7.4	8.2
1994 年 3 月末	16 277	6 784	3 084	7 493	6 420
占世界比重/%	26.9	11.3	5.1	12.4	10.6

资料来源:刘昌黎. 现代日本经济概论[M]. 大连:东北财经大学出版社,2002:67.

注:日本、美国、英国、德国和法国的有价证券,分别为东京证券交易所、纽约证券交易所、伦敦证券交易所、法兰克福证券交易所和巴黎证券交易所的统计数据。

表2-22　日本主要的短期金融市场余额变化趋势　千亿日元,%

	1980		1985		1990	
	余额	占比	余额	占比	余额	占比
同业拆借市场	99	58.9	198	58	410	45.2
短期拆借市场	41	24.7	51	15	240	26.4
票据市场	57	34.2	147	43	171	18.8
公开市场	69	41.1	143	42	498	54.8
债券回购	45	26.9	46	13.6	66	7.3
可转让大额存单(CD)	24	14.1	97	28.3	189	20.8
国内商业票据(CP)	–	–	–	–	158	17.3
政府短期证券(FB)	0	0.1	0	0.1	10	1.1
短期贴现国债(TB)	–	–	–	–	76	8.4
合计	168	100	341	100	909	100

资料来源:鹿野嘉昭:《日本的金融制度》(2003,中译本).

转引:冯维江,何帆.日本股市与房地产泡沫起源及崩溃的政治经济解释[J].世界经济,2008,1:3-12.

(1)产业结构调整与金融结构调整。日本早在20世纪80年代即提出技术立国,发展信息产业,以制造业的应用技术为后盾,日本计算机产业得以迅速成长。1997年度,日本计算机产业的出口额为6 792亿日元,占生产总值的24.9%。然而,在计算机软件(不包括游戏软件)方面,日本的研究开发却处于落后的状态,一直是依赖从美国的大量进口。表2-23显示日本计算机软件有巨额的贸易赤字。

表2-23　1995~1997年日本软件贸易的发展情况(1995~1997年)

(不包括游戏软件)　亿日元

	出口			进口			贸易收支		
	1995	1997	1999	1995	1997	1999	1995	1997	1999
合计	39	28	93	3 926	4 749	7 201	-3886	-4721	-7108
对北美贸易	8	10	33	3 614	3 931	6 611	-3605	-3920	-6578
对西欧贸易	9	4	15	9 533	359	370	-86	-355	-355
对亚洲贸易	18	14	42	198	444	184	-180	-431	-142
对其他地区贸易	4	0.4	3	19	16	37	-15	-15	-34

资料来源:[日]日本情报处理协会.信息化白皮书[R].2001:483.

一方面,金融市场在迅速发展,另一方面,日本的主导产业仍为传统产业:汽车、电机、钢铁等,金融市场在培养新兴产业方面仍未能有所作为,这与 Allen 和 Gale 的研究有出入。然而,比较美日两国 R&D 经费投入,日本的全行业投入强度在中高技术行业的投入强度以下(美国的全行业投入强度与中高技术行业投入强度持平),说明日本 R&D 投入整体均以中、低技术行业为主体。而且,从 20 世纪 80 年代末直到 90 年代中后期,日本对高技术企业的研究和开发经费投入的上升对全行业技术投入强度影响甚微,同样也表明该国企业技术投入的重点在于中低技术行业[141]。另外,主银行的地位和作用的削弱并没有从根本上改变产业成长的资金来源,稳定的银企关系仍占主导地位,这种强有力的联系趋向于使过量资金流向现有产业,从而导致日本传统产业仍占主导地位。

金融市场的繁荣要求为之提供支撑力的新兴产业的成长,新兴产业的微观主体——企业更多偏好传统产业的生产,追求精湛可靠的工艺、风险可控、稳定收益的规模经济,从而使金融市场的发展失去载体。

(2)银企关系的自我强化。一方面,日本四大金融结构特征导致的扭曲在 20 世纪 90 年代显现出来。"从 1955 年至 70 年代早期,日本金融结构的四个特征——超额贷款、超额借款、资金的不平衡和间接融资——基本上是由投资引导的增长政策和人为的低利率政策的实施以及经济的非国际化这三个当时经济的特点所决定和促成的。反过来,金融结构的四大特征又促进了这一时期的出口和投资引导的增长模式,实际上,正是由于它们能使日本经济增长模式起作用,才成为这一时期金融结构的主要特征。"[142]进入 20 世纪 80 年代,日本的经济形式发生了巨变。如原有的经济非国际化已进入经济的国际化阶段:产业国际化、金融国际化改变着经济运行的游戏规则,使人为的低利率政策的维持成本骤增;资金分配错误现象突出。如 60 ~ 70 年代消费和零售业的瓶颈现象,而且低利率政策助长了资源在金融部门和非金融部门之间的错误配置,也存在着能进入低利率市场的机构与企业和未能进入者之间的收入分配不公;名义利率较低,"但由于依赖贷款程度高,企业的利息负担丝毫没有减轻,这个观点为许多有关日本公司统计的国际比较分析所证实。"[143]在新的国内国际经济环境下,长期形成的曾为日本产业成长作出巨大贡献的金融结构的四大特征所导致的扭曲,成为制约产业成长与金融成长匹配关系的因素:四大特征阻碍资金的自由流动,导致新兴产业出现瓶颈现象,瓶颈产业的形成使金融成长(金融市场成长)失去依托和动力,从而资金更加稳定地流向过剩的传统产业,如此循环,自我强化机制得以巩固。

另一方面,在金融自由化过程中,主银行对企业监督的地位和权限下降,监督的动机减弱,监督的能力下降;政府对银行的监督能力下降,"银行不破产"的神话破灭;银行对经营困难的企业进行"追加贷款",使得"过剩投资经济"得以延续,这种不合理的资源配置不仅无法改变甚至加重了经济的低效率:对非效率企业追加贷款→资源配置扭曲→银行不良债权进一步恶化。

2. 金融国际化与产业国际化

(1)金融国际化与产业成长。日本在20世纪70年代已完成赶超欧美的目标,许多产业在国际市场处于领先地位,产业成长国际化突出,2002年世界最大500家企业中日本有88家,营业额达24 735.3亿美元,次于美国,均处于世界第二位。对外直接投资1995、2000年分别达225.1和315.6亿美元[144]。产业成长的国际化必然要求与之匹配的金融成长国际化。金融国际化包括国内金融市场的国际化、资金筹措的国际化、资金运用的国际化、金融机构的国际化和本国货币的国际化。日本的金融国际化在20世纪80年代后期迅速发展,而进入90年代后则有所放慢,在一些方面甚至还有所收缩和倒退(表2-24),不匹配现象开始显现。

(2)汇率政策与产业成长。日元从根本上依赖美元制约着日元的国际化,从而导致金融成长与产业成长不相匹配。表面解决美国巨额贸易逆差的"广场协议",实际是为了打击美国最大的债权国——日本。之后,五国联合干预外汇市场,美元持续大幅度贬值,日本在美国的巨额资产大幅度缩水,而且其资产的很大部分购买美国国债,日本被迫主动保卫美元。同时,美国通过"国际政策协调"维持美国吸引国际资本的流入。为了遏制日本银行的高速扩张(日本银行的国际融资额由1982的世界第二位在90年代超过美国成为第一位),美国政府将适用于本国的银行经营风险标准通过国际清算银行出台了具有国际约束力的巴塞尔协议,使得日本银行大规模缩减国内外的贷款规模,日本进入了长达10多年的衰退。美国政府成功地保卫了美元,遏制了日本的发展。日本缺少独立的汇率政策使得产业成长所依赖的外部环境得不到有效保护。

表 2-24 日本金融业国际化

外国企业在日本上市数	15 家(20 世纪 80 年代末)	125 家(1990 年末)
日本企业海外筹资	7 906 亿日元(1980 年),11.47 万亿日元(1989 年),2.92 万亿日元(1996 年)	
外国债券额	买入外国公司债 278 万亿日元,卖出 259 万亿日元(1986 年),买卖额均超过 150 万亿日元(1990'S)	
公认外汇银行	248 家(其中通汇银行 183 家,1986 年),354 家(其中通汇银行 252 家,1995 年)	
金融机构对外直接投资	22.6%(占对外投资总额比重,1989 年),18.3%(占对外投资总额比重,1999 年)	
日元外汇储备	8.7%(占世界外汇储备总额比重,1991 年),7.1%(占世界外汇储备总额比重,1995 年)	
日元债券	645 亿日元,仅次于美国	

资料来源:刘昌黎. 现代日本经济概论[M]. 大连:东北财经大学出版社,2002:272-274. 并整理

注:此表经过

(3)日元国际化与产业国际化。日本政府为日元国际化采取了积极支持措施,如积极发展以日元计价的金融市场、将日元作为外汇储备、在国际贸易中以日元计价。然而,缺少独立的汇率政策阻碍了日元的国际化,更深层次的原因是日元在日本的国际贸易中的应用问题。表 2-25 显示,在出口贸易中,日元结算的比重最高的年份是 1993 年的 42.8%,其后维持在 36% 左右;在进口贸易中日元结算的比重最高只有 23.5%,原料制成品和工业原料占进口的一半以上,这些商品通常以美元计价和支付。这种稳定的贸易结构自 20 世纪 90 年代以来基本不变,严重制约着日元的国际化。由此形成“日元的国际职能结构倾向于价值储藏方面……决定了日元国际化进程在短期中迅速推进和长期中遭遇挫折的必然性。”[145]

表2-25　日本进出口贸易中按日元结算的比重　%

年月	1970	1975	1980	1985	1990	1993.3	1994.3	1995.3	1996.3	1997.3	1998.3	2000.1
出口	0.9	17.5	29.4	39.3	37.5	42.8	40.7	37.6	35.9	35.8	36.0	36.1
进口	0.3	0.9	2.4	7.3	14.5	16.2	21.6	24.3	20.5	17.9	21.8	23.5

资料来源:刘昌黎．现代日本经济概论[M]．大连:东北财经大学出版社,2002:448.

2.3.4　小结

1. 金融成长服从于产业成长推动了日本走向经济强国

日本明治维新建立了资本主义经济制度,政府一开始就确立了赶超欧美的战略目标,极力推行“自上而下工业化”,于1872年颁布国家银行法,通过银行来集聚小额储蓄,实行宽松的银行准入和退出制度,从而建立了日本以间接融资为中心的现代金融体系,并由此形成日本金融业长期存在的超额贷款特征。

战后,日本通产省制定了产业政策,依靠整套的资金帮助和保护措施实现产业政策。政府仍然具有很强的控制金融成长的意愿:政府实行的投资引导的高速增长政策和人为低利率政策为产业成长提供了充足的资金保证。在支持产业成长的过程中,日本金融结构的四大特征得以形成和巩固:超额贷款、超额借款、银行流动性的不平衡和占主导地位的间接融资。四大特征成为日本金融成长的重要特征和进一步发展的制约因素。政府实行严格的银行准入和退出制度,银行业务给予限定,对企业主要资金来源——银行贷款进行事实上的管制,形成稳定的银企关系,并实现了银行和企业之间的内部监管机制,政府、银行、企业三位一体,相互协调。

可见,日本自明治维新以来一直实行的是金融成长服从于产业成长的发展模式,这种模式保证了产业成长所需的大量资金,推动了日本快速走向经济强国。

2. 产融结合的垄断集团构成产业国际竞争的主导力量

战前,由政商演变而来的财阀利用金融资本通过股份制层层控制,垄断了日本国内经济和几乎所有的产业。战后,解散财阀,构建现代企业制度。但主银行制度形成的稳定的银企关系同样有利于产融结合,银行、企业仍然通过金融资本相互持股，构建了日本垄断产业集团，不仅控制了国内经济和几乎所有产业，而且在国际市场极具竞争力。产融结合形成的垄断产业集团，加速了日本产业成长。

3. 金融成长外部环境的缺失

进入20世纪90年代，日本经济却徘徊不前，尤其是泡沫经济的破灭，日本经济陷入困境，其根本原因即是金融成长外部环境的缺失：

(1)政府主导的主银行制度构建了政府、银行和企业三维一体的金融体系。进入20世纪80年代金融行政问题越来越明显：缺乏透明度、以牺牲效率求稳定、重视保护金融机构，忽视健全存款保险制度、监管不力等；同时，也对民间金融成长造成伤害：政府金融系统在资金来源和资金运用两个方面都已形成与民间金融相竞争的关系。[146]长期的、稳定的银企关系为金融腐败提供了土壤，也为金融机构和企业的高风险投资提供了担保，由此社会信用环境和微观规制受到削弱，不良债权的持续增长即是金融业缺乏外部制度约束的结果。

(2)日元支付体系的建立未能占据与产业相应的比例。日本经济的腾飞是依靠大进大出，而日本金融市场的落后使得主要原材料、矿产品进而产品的定价权在美国等传统金融市场；日元国际化的举步维艰和日本缺少独立的汇率政策使日本没有资产定价权，20世纪80年代日本资产在美国的急剧缩水即是例证。

(3)银行主导型的金融体系有可能导致创新性项目的资金短缺。日本虽然很富有，但其现有优势产业都起源于其他国家，在发展新产业上历来都是薄弱的[147]。

第3章　金融成长与产业成长内在机理
——一个理论分析框架

荷兰、美国和日本的金融与产业成长的历史演进路径表明,金融体系的形成与成长对这些国家走向世界强国发挥了重要作用,促进了一批现代产业的迅速成长。那么,金融成长与产业成长的内在机理是什么?本章将构建一个理论框架加以分析和说明。

3.1　金融内生性成长的演进路径

人类社会生产力的发展,社会分工的扩大,商品交换成为经济活动的必然行为。人们在商品交换中花费时间和精力搜寻所需对等商品,在这一过程中,人们发现持有某种普遍接受的商品进行交换节约了搜寻成本,从而这种商品逐渐演变成交换媒介,自发地充当了货币的角色。这种交换媒介逐渐地固定在某种人们普遍接受的商品,之后是贱金属,最后固定在金银。

货币的产生在节约交易费用的同时,促进交易规模的扩大,交易方式由此发生变化,信用交易代替现金交易:钱庄由原来的汇兑业务发展为存贷业务的机构,发行商业票据以便利大额交易和异地结算。当生产和消费的商品化特征日益显著时,企业的组织机构和交易行为发生质的变化:荷兰东印度公司发行的股票,既解决了企业筹资问题,又保证了企业的长期生存;企业生产要求原材料价格的稳定产生了期货和期权交易;适应交易方式的改变而产生的股票、债券、期货、期权等金融工具在其本身的形成和发展中不断完善。这些金融工具最初为某一小群体(地区、国家)独特的信用工具,其信用创造能力逐渐被整个国家、并延伸至其他国家所接受,金融全球化使得金融工具的趋同性日益加重。而这种趋同性并不是偶然的和人为设计的,是适应交易方式的金融成长的内生行为规制,是各国金融工具相互借鉴、融合的产物。

以 Greenwood 和 Smith[148]为代表的内生金融发展理论也认为,在经济发展的早期阶段,人均 GDP 很低,当事人无力支付金融市场或金融中介的参与成本,或者有能力支付的人数甚少,金融市场或金融中介不会形成。随着经济的发展,人均 GDP 达到某个临界值之后,有能力支付参与成本的人数较多,单位交易量所负担的成本较低,当利用金融市场或金融中介的收益超过成本时,金融中介或金融市场形成,但其形成有一个过程。当当事人参与金融中介的效用损失小于参与金融市场的效用损失时,金融中介内生形成;反之,金融市场内生形成。

内生于经济交易的各种金融工具的产生和发展改变着金融机构的交易行为,同时,金融的核心功能——资源配置功能凸显,并在此功能基础上扩展出经济调节和风险规避的功能以及其他的衍生功能[149]。这些自生自发的金融功能是任何人为设计、政府干预所不能到的。发展中国家政府构建的金融市场未能发挥相应功能从另一方面说明了金融内生性成长。金融功能的产生和发展的动态机制,反映了金融成长内生于产业成长的需求。

产业成长创造了金融成长的“需求追随”,金融工具、金融中介和金融市场在满足产业成长需求的同时自身不断完善和成长,表现为金融功能的不断完善,金融业作为一个独立的产业开始形成,自然在各国不同的政治经济制度以及法律环境、伦理道德等环境下形成不同的金融制度,然而其作为一个独立的产业已不可否认,而且具有其自身的生长发育的成长特征。

另一方面,当金融成长到一定水平时,金融反作用于产业成长。格利和肖[150]认为:“初始经济的金融制度向私人支出单位只提供一种金融资产,即货币,来引致储蓄。……在消费者和企业之间收入分配既定的条件下,储蓄倾向和资本增长率都是比较低的。”显然,单一的金融资产不利于储蓄的扩大,而储蓄又是投资的重要来源。因此,金融工具不断创新,为产业成长筹集所需货币资金,从而尽可能地动用社会资源,将潜在的生产力变成现实的生产力。

金融工具吸收的货币资金需及时有效地转化为投资，才会形成资本，获取收益。这一转化过程需要中介机构担当媒介，提供完善的金融服务。金融中介机构利用金融工具获得货币资金，也就拥有了货币的支配权和使用权，将资金贷款给投资者用于实物资本的生产，从而形成资本，作用于产业的成长。

因此，金融成长作用于产业成长是在金融业具有一定的基础时而为之，即拥有充足的金融工具和完善的金融服务。马克思以资本积累与社会再生产的关系对金融成长的促进作用进行了深刻分析。马克思的社会再生产理论指出，社会再生产包括简单再生产和扩大再生产。即实物资本投入→货币→等量实物资本投入；实物资本投入→货币→扩大的实物资本投入→增加的货币收入→再扩大的实物资本投入……一个国家的发展必然是生产的不断扩大，即社会扩大再生产。而“生产逐年扩大是由于两个原因：第一，由于投入生产的资本不断增长；第二，因由资本使用的效率不断提高。”[151]现实中二者结合在一起形成社会再生产，并具有扩大再生产的本质特征，资本积累则是扩大再生产的重要因素。所谓资本积累，就是“把剩余价值当做资本使用，或者说，把剩余价值再转化为资本。”[152]而之所以将剩余价值转化为资本，马克思认为，一是资本家追求剩余价值；二是“竞争迫使资本家不断扩大自己的资本来维持自己的资本，而扩大资本只能靠累进的积累。”[153]实际上，从一般经济学视角来看，资本积累即是增加储蓄，提高投资率从而扩大实体产业的生产规模和提高生产效率，即金融成长促进产业成长。而且，通过资本积聚和集中实现的资本积累对于现代化大生产具有重要意义：“假如必须等待积累去使某些单个资本增长到能够修建铁路的程度，那么恐怕直到今天世界上还没有铁路。但是，集中通过股份公司转瞬之间就把这件事完成了。”[154]可见，资本积累与社会再生产的关系实际上反映了金融成长是产业成长的重要推动力。

由以上分析可以得出，金融成长内生于产业成长，同时又是产业成长的重要推动力，但金融成长对产业成长的作用在不同阶段程度有所差异。当经济发展处于初期时，人均收入不高，生产率低下，经济增长缓慢并且主要靠土地等自然资源投入来实现，物质资料生产成为社会经济发展的首要目标，金融体系只是经济交易的媒介；工业革命使机器大工业迅速发展，劳动生产率提高，此时，资本密集的机器制造业和其他重工业成为经济发展的主导，资本积累和聚集的重要性显现，金融体系将储蓄转化为投资，满足物质资料生产，即产业成长。整体来看，金融工具不足、金融机构不健全、金融组织结构不完善。此时，产业成长是经济发展的核心，一国应实行产业优先发展战略，金融成长服从产业成长，积极寻求如何保证产业成长。

随着社会经济的进一步发展，在为产业成长提供所需金融服务的同时，金融业本身得以成长。金融工具不断创新、金融机构多元化、金融组织结构不断完善，此时，金融业逐渐衍生与附加了商品定价权和金融资产定价权，使得金融影响着资源配置的方向和效率，从而一定程度上决定产业成长；现代化大生产使得金融成为项目运作的前奏；经济全球化条件下，发达国家拥有发达的金融体系，它们通过金融获得经济资源的优势大大高于发展中国家，而且这种优势促使这些国家处于产业竞争的前沿。因此，以美国金融资本主义的形成标志，金融成长对产业成长取得话语权，在一定程度上决定产业成长的规模和效率。此时，一国应实行金融优先发展战略，积极寻求改善金融成长环境，保证金融成长，从而促进产业成长，提升国家竞争力。

不论是产业优先发展战略，还是金融优先发展战略，均是以金融成长保证和加快产业成长，金融内生成长的特性不会变化——2007 年的美国次贷危机表明，美国拥有高度发达的金融市场，金融成长脱离产业成长内在需求必然导致金融危机。

再从相反角度考察，如果产业达不到一定规模，就不会产生对金融服务的需求，或金融服务的成本过高，也就不会产生金融业；而如果产业衰退，就会减少金融需求，金融业也就失去成长的基础和载体，从而金融业也陷入衰退。因此，产业成长到一定水平，内在地要求金融成长；金融成长反过来促进产业成长；但金融成长的基础和载体是产业成长。

由此，我们可以梳理出金融成长内生于产业成长的历史演进路径：

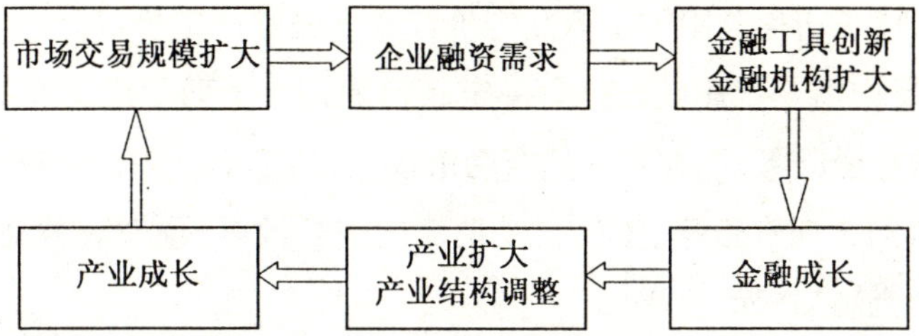

图3-1 金融内生性成长演进路径

3.2 产业成长金融化

如上所述,当产业成长到一定水平时,内在地产生对金融服务的需求,从而产生金融业;金融业的形成与成长反过来促进产业成长,成为产业成长的重要推动力。当金融成长衍生与附加了商品定价权和金融资产定价权,即取得产业成长的话语权时,金融对产业的成长产生重要影响,在一定程度上决定着产业成长。由此,产业成长呈现出金融化的趋势。

3.2.1 产业成长金融化的内涵

所谓产业成长金融化,是指在产业成长到一定水平时,金融业为产业成长提供所需的金融服务,并影响资源配置的方向和效率,实现金融资本和产业资本的有机融合,从而保证和加快产业成长,提高国家的国际竞争力。

从上面所给定义可以看出,产业成长金融化是有一定的前提条件的。

一是产业成长到一定水平。只有当产业成长到一定水平时,才会产生对货币发行、支付系统等金融服务的需求,由此金融业得以形成和成长,并随着产业成长所需不断金融创新。金融成长降低了市场交易成本,扩大了资金来源,从而促进产业成长。然而,金融成长超过与产业成长的合理关系,则会形成泡沫经济,造成产业的过度调整。因此,产业成长是金融成长的基础和载体,产业成长金融化的首要条件是产业已成长到一定水平。

二是金融成长衍生与附加了商品定价权和金融资产定价权。内生于产业成长的金融业,反作用于产业成长是有一定条件的——金融业应具有充足的金融工具和完善的金融服务,即在发达的金融市场,商品定价权和金融资产定价权影响着资源配置的方向和效率,资金自发地流向成长性好、预期收益高的产业,并通过产融结合机制加快产业成长。

三是产业成长金融化是在资源禀赋、技术进步、制度变迁等因素约束的前提下更多由金融来决定。金融作为社会资源配置的工具,在规模生产条件下,成为项目运作的前奏,成为生产要素流动的重要决定因素。在经济全球化、金融全球化背景下,与传统的产业成长方式不同,金融将世界各国经济发展联系在一起,在世界各国间分配生产要素,金融也就成为调节资源的重要工具,在很大程度上决定了一国产业成长的优劣地位,从而决定一国的国际竞争优势。因此,在金融全球化背景下,产业成长仍是金融成长的基础,但产业成长却越来越从属于金融成长,即金融在很大程度上决定产业成长。

上述分析表明,当经济发展到一定水平,金融对产业成长具有重要的影响。此时,产业成长金融化成为经济发展的重要特征。因此,一个国家如何拥有发达的金融市场,为产业成长提供良好的外部环境成为经济政策的重要内容。即:在产业成长金融化背景下,一国应实行金融优先发展战略,以金融成长保证和加快产业成长,从而提高国家的国际竞争力。这一发展战略对于广大的发展中国家而言更具现实意义:发展中国家不仅需要经济发展,而且需要更快的速度实现经济发展,缩小与发达国家的差距。尽管发展中国家产业成长的基础仍很薄弱,但经济全球化、金融全球化使得它们提前面对产业成长金融化。产业成长金融化迫使这些国家实行金融优先发展战略,从而保证和加快产业成长。

3.2.2 产业成长金融化的运行机理

在发达的金融市场,金融的资源配置功能一定程度上决定了产业成长。

1. 资源配置与产业成长

(1)商品定价机制的变迁与产业成长。根据交易对象的不同,我们将市场分为产品市场和资金市场。在产品市场,马克思认为商品的价值是由生产该项商品的社会必要劳动时间所决定,边际效用学说认为商品的价值是由商品为消费者提供的效用决定的,而商品的价格是由供需双方来决定;商品的价格与价值可以发生分离。由此产生产品市场的商品定价权问题,即谁拥有商品定价权。

马克思认为商品的价值决定商品的价格,价格围绕价值上下波动;古典经济学认为,如果边际效用大,消费者愿付出较高的价格;如果边际效用小,消费者则付出较低的价格;新古典经济学家瓦尔拉斯认为,在完全竞争市场中,存在一组价格,使得所有市场的供给和需求都恰好相等,亦即存在着整个经济体系的一般均衡。我们看到,现有关于商品定价权的理论视角各不相同,但均是以现实的商品为交易对象,“由于这些商品的价格中面向历史的内在属性,使得他们减少了由个人主观概率驱动的‘不确定性’的冲击。”[155]

然而,现实中商品的定价越来越取决于未来因素和人为因素。市场价格的波动影响着企业的生产经营活动,由此内在地要求金融市场为其提供避险工具,商品期货、期权等与商品价格有关的金融工具和金融市场应运而生,这种面向未来的商品定价机制通过金融交易来实现。一定程度而言,商品的定价权由金融来控制,商品的供给者和消费者则处于被动地位。在 Hull①[156]金融市场的商品定价机制的基础上,加入突发事件的影响,我们可以解释商品定价机制的变迁及决定因素。以商品期货为例:

①若以投资为目的而持有商品,则

$$F=(S+U)e^{r(T-t)}+\varepsilon,$$

其中,F 是商品期货价格;S 是商品的现货价格;U 是期货合约有效期间所有存储成本的现值;ε 是突发事件对商品价格的直接影响;T 是合约到期时刻;t 是现在时刻; r 是对 T 时刻到期的一项投资而言,时刻 t 以连续复利计算的无风险利率。

②若以消费为目的而持有商品,则

$$F\leq(S+U)e^{r(T-t)}+\varepsilon$$

① 本部分内容参考 Hull 金融市场的商品定价机制,在其函数中加入突发事件,其他推理同 Hull 原文。

当 $F<(S+U)e^{r(T-t)}+\varepsilon$ 时，商品使用者会从暂时的当地商品短缺中获利或者具有维持生产线运行的能力，即通过金融市场规避商品价格风险。在此基础上，产生以商品价格为基础的衍生证券。

如果衍生证券依赖于唯一时刻 T 的商品价格，由于在风险中性世界中 t 时刻商品的期望价格 $F(T)$ 是遵循零漂移随机过程，则在 T 时刻 $S=F(T)$。如果假设商品价格的增长率只依赖于时间，并且商品价格的波动率为常数，商品价格遵循的风险中性过程为

$$dS/S=\mu_{(t)}dt+\sigma dz$$

式中，dz 是一个维纳过程，σ 为 t 的函数，$\mu_{(t)}=\frac{\partial}{\partial t}[\ln F_{(T)}]$

若 y 是便利收益，u 为存储费用，商品的行为仿佛是一种可交易证券，它提供的收益等于 $y-u-\varepsilon$，在风险中性世界中，它的增长率为 $r-(y-u-\varepsilon)=r-y+u+\varepsilon$。若风险中性世界中商品价格的预期增长率为 $m-\lambda s$，其中 m 是现实世界的预期增长率；s 是其波动率；λ 是其风险的市场价格，则 $m-\lambda s=r-y+u+\varepsilon$，$y=r+u+\varepsilon-m+\lambda s$。

便利收益衡量具体商品所有者实现了而期货合约持有者没有实现的利益。即商品的价格是由无风险利率、存储成本、突发事件影响率、商品价格的预期增长率和预期波动率来决定的。现实中的商品价格通过金融市场来稳定或规避商品价格波动造成的影响，在此基础上的基于商品价格的衍生证券，成为未来商品价格走势的晴雨表，影响着资源配置的方向和效率，从而一定程度上决定产业成长。

(2)金融资产定价机制与产业成长。基于商品价格的衍生工具所具有的脱媒性以及在汇率、利率等风险规避中的延伸应用，衍生工具逐渐成为一种独立的资金运动，成为对金融资产价格的未来预期。金融资产定价机制模型有复利、现值、资本资产定价模型、套利定价模型等，Black 和 Scholes[157] 对金融资产的定价机制做出重大的贡献。在风险中性世界里，欧式期权定价公式为

$$C=SN(d_1)-Xe^{-r(T-t)}N(d_2)$$

式中，C 为欧式看涨期权价格；S 为标的物的市场价格；X 为期权执行价格；

r 为无风险利率；T 为合约到期时刻；t 为现在时刻；$N(d_1)$ 为标准正态分布变量的累积概率分布函数；$N(d_2)$ 表示在风险中性世界中期权执行的概率。

Black 和 Scholes 定价模型比其他模型更具计算性和广泛性而为许多资产管理公司所采用，而且还可应用于汇率、利率等交易的定价。实际上，所有金融资产定价模型均是对未来的预期，而且金融资产交易本身即是对金融资产的使用权而不是所有权的交换，其对未来的预期是金融资产交易的基础。因此，衍生金融工具的定价机制实际反映了资源配置的方向和效率。

不论是基于商品价格的衍生证券还是基于金融资产的衍生证券，当盈利是标的变量遵循的路径的某个函数而且盈利仅取决于变量的最终值的时候，则被称为一个路径依赖型的衍生证券[158]。即衍生证券的运行具有路径依赖的特征，当进入"锁定"成为一种习俗时，商品的定价权和金融资产的定价权就由这些衍生证券所拥有，并且具有自我强化的机制。

可见，以商品交易为基础的衍生金融工具反映了现实商品的未来价格，以金融资产交易为基础的衍生金融工具同样反映了金融资产的未来价格。未来价格的变动实际体现了产业的未来成长特性，从而影响着资源流动的方向和配置的效率。因此，商品定价机制和金融资产定价机制，实际上影响着资源配置的方向和效率，从而一定程度上决定了产业成长。由此，我们可以得出：在发达的金融市场，商品定价机制和金融资产定价机制影响着资源配置的方向和效率，从而一定程度上决定了产业成长。

2. 产融结合与产业加速成长

荷兰东印度公司的股份制帮助荷兰确立了贸易垄断权；美国金融资本和产业资本的有机融合成就了巨型产业集团，拥有国内产业的垄断权和国际市场的竞争优势；日本的财阀以及现代垄断产业集团控制了国内几乎所有产业。由此，我们发现金融资本和产业资本的有机融合使得金融对产业成长具有加速器作用。

列宁在论述帝国主义时即指出："银行和工业的融合或混合生长——这就是金融资本产生的历史和这一概念的内容。"[159]金融资本的形成也即金融寡头的产生。但列宁在此仅指银行资本。实际上，在金融全球化的今天，非银行金融机构如保险机构、养老基金等为产业成长提供风险资本和长期投资资金，投资银行则为产业发行证券进行筹资，并对投资作出重要决策[160]。定义金融资本是指以取得收益和增值为目的而进入金融市场交易且最终进入实际产业部门的那部分权证，它表现为银行贷款、股票、债券、抵押物或抵押贷款的证券化凭证。但这一定义是以产业资本进入金融资本为视角的。正如列宁所指出的，金融和产业的融合是双向的，而且金融创新以及银行业的混业经营、金融全球化都在改变着产业融资方式。因此，我们可以定义，产融结合是指资本在金融业和实体产业之间相互渗透，以提升企业的竞争力，从而促进产业的扩大和产业结构的调整，即加快产业成长。

(1)产融结合的动力。一方面，金融资本为保证资金安全和利润渗透到产业资本。巨型化公司的出现，使得金融业联合和集中，即巨型金融机构开始出现。只有大银行才能向巨型公司提供资金。大银行为保证贷款的安全和利润，加强与企业的业务往来，对企业的经营活动进行干预和监督，甚至在人事关系上进行渗透。这样，银行与企业的信贷关系日益密切和稳定，通过将资源配置在增长最快、最稳定的产业中而加速产业的扩张和衰退速度，并缩短了产业的成长周期。当然，这种融合方式也有缺陷：银行资本只能调整产业资本的流量和流向，而无法优化重组产业资本的存量[161]。这种银企关系铸就了美国巨型公司、日本的垄断产业集团等，也成就了美国、日本等国的产业居于世界领先地位。金融市场同样具有动员社会资金、改进资源配置的功能。从金融市场的交易机制来看，金融市场的交易合约具有中性化、标准化、权利与责任相对称和事先确定的特性，同时，对筹资者制定严格的上市制度和信息披露制度，保证信息披露的及时性、准确性和公开公平性。金融市场的这种交易机制所设置的激励约束装置反过来促进了一级市场上金融资本与产业资本更有效率地结合[162]。

另一方面，产业资本为增加自己的经济实力和获取可靠的有利贷款，通过购买股票渗透到银行资本或证券市场，这些既掌握金融资本又控制工业的金融寡头显示出巨大的优势。由于有金融资本的支持，通过“参与制”，对企业实行层层控制，从而支配比自己资本大许多倍的资本，形成产业垄断。由此，金融寡头控制着产业的生产、销售和研发的各个环节，既保证在国内、国际市场的垄断利润,又保证自己处于产业竞争的前沿。如美国的洛克菲勒、摩根集团,日本的三菱、三井等不仅控制了国内经济,而且保证了自己在国际市场的竞争优势。这种优势显然是单纯的产业组织所不能相比的。

(2)产融结合的条件。不论是金融资本追逐产业资本,还是产业资本追逐金融资本,均需要一个有效的资金竞争市场和良好的产业成长基础。

一个有效的资金竞争市场是建立在不同金融产权交易主体以及资金自由流动的基础之上。即金融机构和企业主体均是具有独立利益和明确产权边界的经济行为主体,“自己与自己交易”[163]显然是不具竞争性的,也就不能实现资金的高效运作;不同金融产权交易主体则是以增值为出发点,必然建立在市场竞争机制基础上,产融结合才能实现资金的高效运用,从而实现产业竞争优势。资金的自由流动则是资金竞争机制实现的方式。资金的自由流动包括对外开放资金市场和国内不同的资金交易市场(货币市场和资本市场)的畅通。资金自由流动可以为产业迅速筹集所需的各种资金(短期资金、长期资金和风险基金),实现利率的均衡,更重要的是通过资金的优胜劣汰而为具有成长特性的产业提供更多更优惠的金融资本。

良好的产业成长特性是产融结合的根本。在现代化大生产基础上,金融中介机构为保证大额贷款资金的安全和利润,同时也为了巩固自己的竞争优势,通过购买股票或直接创办企业的办法,将银行资本和产业资本有机融合,显然银行只会选择主导产业或朝阳产业;而在金融市场上,无论股票市场还是债券市场,投资者选择预期收益高的产业即具有良好成长特性的产业进行投资。因此,金融资本向产业资本的融合是以产业的良好成长特性为基础。另一方面,产业资本向金融资本的融合则是为了支持主导产业的快速成长、突破产业成长中的资金瓶颈[164]。显然,具有良好成长特性的产业才能向金融资本融合。

(3)金融对产业成长的加速器作用。由以上分析可以看出,在一个有效的资金竞争市场和良好的产业成长特性基础上,金融资本和产业资本自发融合,客观上提升了企业竞争力,促进了产业成长。从而使得金融对产业成长具有了加速器的作用。

金融对产业成长的推动作用我们可以用公式表示为

$$i\text{产业成长}=\alpha+\beta(i\text{产业外部融资依赖度}\times\text{金融成长})+\varepsilon$$

式中，α 为产业自发成长特性；β 为金融成长对产业的乘数作用；ε 为影响产业成长的其他因素。

当产融结合时，产业 i 可以稳定地获得低成本的充足资金，而且资金运用效率更高，对产业 i 来说，相当于金融业的加倍成长，因此，$\beta'=\gamma\times\beta$，其中 γ 为产业资本和金融资本的融合度；则在产融结合机制下，金融对产业成长的加速器作用可以表示为

$$i\text{产业成长}=\alpha+\beta'(i\text{产业外部融资依赖度}\times\text{金融成长})+\varepsilon$$

此时，β' 即为金融资本和产业资本融合时金融对产业成长的加速器作用，β' 是否大于 1 取决于 γ 和 β。

3.3 金融成长与产业成长的临界值与成长能力

3.3.1 成长临界值

金融成长与产业成长都有其成长发育的临界值，或者以生态学理论而言，都有其成长的环境负荷量。金融和产业生态因子有一国的政治经济制度、政府因素、法律建设、伦理道德等，种群增长方式界定了规模临界值，竞争优势表明其成长的能力，而金融成长快于产业成长，且二者保持适当的匹配关系。因此，在一定的政治经济制度下，某一产业成长的种群数量

$$\frac{\mathrm{d}NI}{\mathrm{d}t}=\delta\cdot I\cdot I$$

式中，I 表示产业成长的种群数量，δ 是种群的瞬时增长率（理想情况下的最大增长率），$\frac{\mathrm{d}NI}{\mathrm{d}t}$为瞬时增长量。

又，产业成长是以金融成长为前提，并且不论在何种政治经济制度下都会受到政府政策、法律完善程度、意识形态（伦理道德）等的制约。因此有：

$$\frac{\mathrm{d}NI}{\mathrm{d}t}=\delta\cdot I\cdot\frac{E-I}{E}$$

其中，$E=\alpha_0 G+\alpha_1 L+\alpha_2 I_d+\alpha_3 F+\varepsilon$，表示环境负荷量；$G$、$L$、$I_d$、$F$、$\varepsilon$ 分别表示政府因素、法律完善因素、伦理道德因素、金融成长因素、其他影响因素；α_0、α_1、α_2、α_3、ε 分别为正时表示有利于产业成长，为负时表示阻碍产业成长。由于在此分析产业成长的临界值，因此假设均为正值，即为有利于产业成长的因素。又如前此分析，产业成长中起决定作用的主要是政府因素以及与之必须保持匹配关系的金融成长，因此，$\frac{E-I}{E}=\frac{\alpha_0 G+\alpha_1 F-I}{\alpha_0 G+\alpha_1 F}$表示环境所能承载的该产业的占比重，则

$$\frac{\mathrm{d}NI}{dt}=\delta\cdot I\cdot\frac{\alpha_0 G+\alpha_1 F-I}{\alpha_0 G+\alpha_1 F} \tag{3-1}$$

表示环境所能承载的该产业的瞬时种群增长量。

同理，我们有金融成长临界值

$$\frac{\mathrm{d}NF}{dt}=\gamma\cdot F\cdot\frac{\beta_0 G'+\beta_1 I-F}{\beta_0 G'+\beta_1 I} \tag{3-2}$$

其中，$\frac{\mathrm{d}NF}{\mathrm{d}t}$为环境所能承载的金融业瞬时增长量；$\gamma$ 为瞬时增长率（理想状态下的最大增长率）；F 为金融成长的种群数量；β_0、β_1 系数分别为正时表示有利于金融成长；G 为负时表示阻碍金融成长；I 为政府行为对金融成长的容忍范围，为产业成长程度，$\frac{\beta_0 G+\beta_1 I-F}{\beta_0 G+\beta_1 I}$表示环境所能承载的金融瞬时增长占总环境负荷量的比重。

式（3－1）（3－2）表明在金融成长和产业成长中，二者互为制约因素，决定着对方成长的临界值，且根据前述分析，金融成长必须大于且快于产业成长；另外，政府因素始终贯穿于金融成长和产业成长的始终，有时对二者的成长甚至是决定性的。

3.3.2　成长能力

使用“三重螺旋”模型（图3－2）来说明金融成长、产业成长和政府因素之间的关系。设定政府行为、产业成长与金融成长形成三个相互重叠的能极，每一能

极既表示自身成长的规模和能力，同时也表示在某一特定阶段对其他能极的决定性作用。如在经济发展初期，产业成长要求金融成长，而金融成长多表现出金融抑制，成为产业成长的瓶颈，政府在此阶段多为保护和维持金融成长和产业成长的秩序；进入产业成长和金融成长阶段，政府发现控制金融就等于控制了社会财富，而产业成长则为其统治提供经济基础，因此政府更多表现出干预偏好，制定产业政策和相应的金融政策，此时，政府因素具有决定性作用，金融成长快于产业成长，且金融成长中其规模不断扩大、效率不断提高、功能不断完善，产业的规模扩大、竞争力提高；进入成熟期，金融业已具备完善的功能，既维持现有产业的增长，也在不断培育新的产业萌芽；原有产业已成为主导产业，政府干预成本越来越高，逐步退出干预成为必然选择，回归到原有的保护和维持秩序的职能。

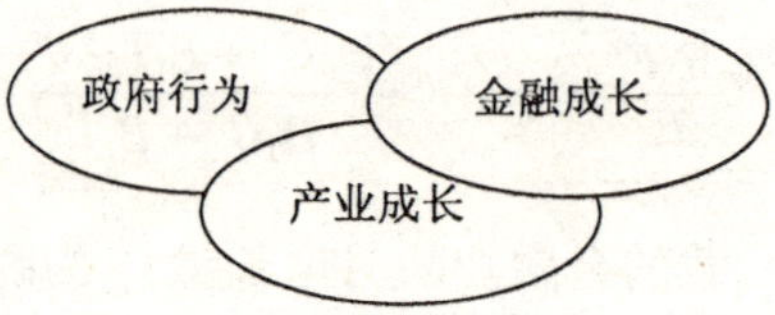

图3－2　三重螺旋模型

可见，螺旋形态证明主导要素的更迭，体现了金融成长和产业成长相互关系的动态性和过程的连续性。从经济体整体来看，三个能极相互协调；不断完善各自功能，形成政府—金融成长—产业成长的“互动效应”，在不同时期发挥不同的主导作用，相互推动金融和产业的萌芽、成长和成熟，提升国家竞争优势。因此，我们有，金融成长和产业成长能力函数分别为

$$CF(T_n) = \eta_0 IA + \eta_1 G + \upsilon \qquad (3-3)$$

$$CI(T_n) = \xi_0 F + \xi_1 G + \omega \qquad (3-4)$$

式中，$CF(T_n)$、$CI(T_n)$表示不同阶段的金融成长和产业成长能力；$T_n \in (T_1, T_2, T_3)$分别表示萌芽、成长和成熟期。η_0、η_1、ξ_0，ξ_1 分别表示相应因素对成长能力影响的权重，即对成长能力的贡献，$0 < |\eta_n| < 1$，$0 < |\xi_n| < 1$；υ、ω 为随机扰动项，代表其他影响变量。式(3－3)(3－4)表明金融成长与产业成长互为影响因素。

3.4　金融成长与产业成长匹配关系:资源配置与互动关系

金融成长内生于产业成长,二者之间应保持合理的比例关系。然而,虚拟经济(金融成长)与实体经济(产业成长)背离是一种常态,完全同步变化只是偶然现象;发展滞后的虚拟经济必使实体经济的融资渠道和融资总量受到负面影响,实体经济的稳定持续发展将受到资金供应的限制[165]。同样,虚拟经济的过快发展则导致泡沫经济,其对产业的危害已被历次金融危机所证实。因此,金融成长与产业成长应保持合理的匹配关系,实现金融与产业成长的良性互动。所谓金融成长与产业成长匹配关系是指金融成长与产业成长相互作用,金融成长以产业成长为载体,同时保证和加快产业成长,二者之间保持合理的比例关系,以实现产业的持续成长。那么,金融成长与产业成长的匹配关系如何确定?

本节将构建模型,考察金融成长与产业成长的匹配关系。本模型是在资源禀赋、技术进步、制度变迁等因素约束下,只考虑金融成长与产业成长匹配关系,研究二者之间的资源配置关系及互动关系。

3.4.1　前提条件假设

荷兰、美国、日本的金融与产业成长的历史演进路径表明,各国的金融成长与产业成长具有各自的历史、文化、政治、经济等特殊条件,但特殊性中包含着共性。即在各国特殊条件下形成不同的发展模式,但金融成长与产业成长的关系具有共同条件。

1. 特殊条件

(1)荷兰:第一个现代金融体系与国际贸易中心。第一个资产阶级政权国家——荷兰,建国后生产率得以迅速提高。高度的农业商品化、工场手工业化和运输业的经济化促使商业(国际贸易)成为主导产业,此时,股份制公司的建立解决了长期资金占用的问题,而证券市场的建立又解决了资金流动性问题;“金融革命”——出售国库券,既满足了政府基础建设开支,又为投资者提供了新的投资渠道;现代银行制度——阿姆斯特丹银行的建立构建了海外贸易所需的国际支付体系,“银行券”的发行建立了信用货币制度——创造廉价货币促进经济发展;金融市场的繁荣和现代银行制度的建立加快了产业(国际贸易)成长,推动荷兰迅速成为国际贸易中心。

(2)美国:金融资本主义与产业竞争。纽约成长为国际金融中心标志着美国产业资本主义的形成。二战后,美国政府主导构建了布雷顿森林体系,确立了美元特权地位,使得美元具有天然的市场基础;而IMF、GATT(WTO)等美国主导的国际经济组织确保了美元特权;进入20世纪70年代,浮动汇率制使得美元可以像证券一样成为国际金融市场的主要交易对象,从而逐步形成以美元为中心的全球货币交易市场;适应产业调整,机构投资者、风险基金、金融期货、期权等金融衍生产品不断涌现,金融创新为金融交易提供了便利的工具;金融自由化为美元全球交易提供制度保证;美国银行业转向混业经营,进一步提高了银行业的国际竞争力;而本来约束国内银行业的资本充足率规定通过巴塞尔协议延伸至国际范围,成为制约他国银行业发展的工具。自此,美国完成了金融资本主义的构建,从而对世界各国尤其是发展中国家的产业成长构成威胁,促使美国处于产业竞争的前沿。

(3)日本:政府构建为产业成长服务的金融体系。在推进现代化过程中,日本政府实行“自上而下工业化”政策,1872年颁布国家银行法,建立以间接融资为中心的现代金融体系。战后,政府制定了产业政策,实行严格的银行准入和退出制度,银行业务给予限定,形成稳定的银企关系。产业政策和配套的金融政策激励了目标产业的迅速恢复和成长;主银行制度使银企关系牢固,有利于金融资本和产业资本的融合,从而加速产业成长。至20世纪70年代日本已实现赶超欧美的目标,政府提出向知识密集型产业结构转变的政策目标;80年代,日本政府又提出“技术立国”,进入“信息社会”。同时, 1980年12月《新外汇法》的实施标志着日本金融自由化正式开始。

2. 共同条件

上述分析显示,荷兰、美国和日本的金融与产业成长各有其特殊性,但其共同性则在于金融交易的有效实现,即在产权明晰、相关法律保护和社会习俗等条件下实现金融的资源配置功能。

(1)产权明晰。关于产权的概念,目前并没有统一的概念。P·舒尔茨认为:“产权不仅是人们对有形物的所有权,同时还包括人们有权决定行使市场投票方式的权利、行使特许权、履行契约的权利以及专利和著作权。”[166]巴泽尔认为:“个人对资产的产权由消费这些资产、从这些资产中取得收入和让渡这些资产的权利或权力构成。……人们对资产的权利不是永久不变的,它们是他们自己直接努力加以保护、他人企图夺取和政府予以保护程度的函数。”[167]平乔维奇认为:“产权具体规定了与经济物品有关的行为准则,所有人在与其他人相互作用过程中必须遵守之,否则就必须承担不遵守所带来的惩罚成本。”[168]德姆塞茨认为:“产权是一种社会工具,其重要性来自以下事实:产权帮助人形成那些当他与人打交道时能够合理持有的预期。这种预期通过法律、习俗以及社会道德等表达出来。……产权的主要功能在于引导各种激励机制,使外部性在更大程度上得以内部化。”[169]虽然对产权的定义不同,但对产权的重要性却是有共识的。正如科斯[170]定理指出:当产权界定明晰并且无交易费用时,资源将被用于价值最高的地方,而不管哪一个交易者承担对另一方影响的责任。在产权得以明确界定前提下,金融交易得以高效率进行,金融的资源配置功能自发实现。

(2)法律制度。法律制度是金融成长的制度保证。较高的法律实施质量可以弥补规则本身的不足,对投资者提供较好的保护,从而有助于金融成长[171];在转型国家法律的实际执行效率比法律条文对促进金融成长更为重要[172]。实际上,法律制度是金融产权交易执行的制度保证,而法治水平则是合约执行的激励机制,“对法律经济学家而言,过去只是一种‘沉没了的’成本,他们将法律看成一种影响未来行为的激励系统。”[173]当交易主体预期违约将会受到法律的严惩时,金融交易合同就会得到有效执行;反之,将会引起合约执行的高成本。即“要维护这种秩序,就要依靠各种禁止不可预见行为和机会主义行为的规则。我们称这些规则为‘制度’。”[174]

“制度的存在是为了降低人们相互作用时的不确定性。”[175]“制度所反映的事物一般都具有两个特点:其一,它们在过去被证明是有用的;其二,它们是人们为追求其个人目标而与他人交往时所必需的。制度使人们在一定程度上相信,他们与别人的交往将按他们的预期进行。”[176]在金融和产业成长过程中,法律制度为经济主体的金融交易活动提供稳定的、客观的预期机制,交易主体根据这种预期来调整自己的行动。现实中,法治水平的高低直接决定着人们对金融交易合约执行的预期。然而,在不同区域,对不同的金融交易主体,具有不同的先验概率知识和不同的生产经营理念(行为准则)。

(3)非正式制度。以法律制度保证合约的履行属于正式制度。美国经济学家道格拉斯·诺斯认为,对损害的惩罚和补偿不仅需要立法、司法和执法机构,而且会受到行为的道德和伦理习俗的极大影响。完整的社会还需要非正式制度:信用环境和微观规制。从经济学的角度考察,信用是和商品生产、货币经济相联系的范畴,是在商品货币关系的基础上产生的。正如马克思所言,信用是价值运动的一种特殊形式。当个体或团体(组织)对法律的信赖转化为对他(她)或法人的信任时,信用也就成了一种可以产生经济价值的资源,即信用资源。信用又是一种影响个人行动能力以及生活质量的社会资本[177]。在信息不对称条件下,非正式制度将会有效降低金融交易合同的履行成本。在一个有利于信息传递的社会网络中,违约者要受惩罚的信息很快传递给违约者,即会被拒绝接近社会资本[178]。因此每一个交易者都有履约的激励。当每个交易者都意识到违约所受到的法律惩戒以及有效的市场惩戒时,交易主体"按理性法则行事,从内心深处敬重理性法则,在行为过程中遵循理性法则。"[179]此时,"人是服从自己立法的主人,绝对服从而又法由己立。"[180]

可见,产权明晰是金融交易有效运行的前提,法律制度是金融产权交易的制度保证,法治水平是交易履行的激励机制,良好的信用环境和有效的微观规制则节约交易履行的成本。因此,产权制度、法治水平、信用环境和微观规制共同构成金融成长的外部环境。而这种外部环境通过金融机构与企业的金融交易同样作用于产业成长:产权明晰是金融交易的基础;法治水平的提高有效保护投资者的权益,保证金融产权交易的顺利进行,从而为产业成长提供资金和提高产业资本配置效率;信用环境的改善加速资金的流通,也促使产业资本提高资本配置效率;微观规制是金融和产业成长的载体和组成部分,其有效性直接决定着金融和产业的成长特性。

因此,考虑在产权明晰、较高的法制水平和良好的社会信用环境、有效的微观规制下，即金融交易有效实现的条件下，分别建立金融成长与产业成长的函数，研究金融成长与产业成长的资源配置关系以及二者的互动关系[181]。

3.4.2　金融成长函数

考虑金融业有很多相同的金融机构，我们将机构数目标准化为1。每个机构追求长期效应，即金融机构均追求企业成长特性。在每一时期，金融机构的收益由两部分构成：机构成长的收益 $u(\delta)$；δ 为机构成长特性，以一定投入值来表示；产业成长引致增加资本投入获得的收益为 $\gamma v(R^S)$。因此，金融机构的利润最大化的现值为

$$\max\int_0^{+\infty}[u(\delta)+\gamma v(R^S)]e^{-\rho t}\mathrm{d}t$$

式中，γ 为非负参数，表示产业 i 的成长特性；R^S 为产业产出，v 表示金融机构未来收益率的贴现率。

由于不同产业成长特性或信息的不对称，以及产业间资金的自由流动，设资金缺口寻求产业产 i 出缺口的速率为 a，从产业流出资金的速率为 b，则资金供给变动函数为：$F^S=a(1-F^S)-bF^s$，式中 $a(1-F^s)$ 为新进入产业 i 的资金，bF^S 为从产业 i 流出的资金。产业 i 产出变动函数为

$$R^S=rR^S+F^Sz+\pi-\delta$$

式中，r 为金融市场利率；z 为资金在资本市场的收益；π 为金融机构贷款的收益；δ 为金融机构成长特性，以一定投入值来表示。由于金融成长影响产业成长，在此将 $\pi-\delta$ 作为产业产出的影响因素；同时，产业成长决定金融成长，我们将产出变动函数作为金融成长约束条件。因此，金融成长利润最大化的现值表示为

$$\max_{\{\delta\}}\int_0^{+\infty}[u(\delta)+\gamma v(R^S)]\mathrm{e}^{-\rho t}\mathrm{d}t$$

$$\text{s.t. } F^S=a(1-F^S)-bF^S$$

$$R^S=rR^S+F^Sz+\pi-\delta \tag{3-5}$$

建立汉密尔顿函数

$$H=[u(\delta)+\gamma v(R^S)]+\lambda_S[a(1-F^S)-bF^S]+\eta_S(rR^S+F^Sz+\pi-\delta)$$

则

$$u'(\delta) = \eta_S \tag{3-6}$$

$$\dot{\eta}_S = \rho\eta_S - \frac{\partial H}{\partial R^S} = (\rho - r)\eta_S - \gamma v'(R^S) \tag{3-7}$$

$$\dot{\lambda}_S = \rho\lambda_S - \frac{\partial H}{\partial F^S} = (\rho + a + b)\lambda_S - u'(\delta)z \tag{3-8}$$

其中,式(3-6)表明金融成长的变化等于产业产出的影子价格 η_S,即边际金融成长取决于产业成长;式(3-7)右边表示边际产业成长带来金融成长的收益;式(3-8)右边表示边际金融成长的边际收益。因此,边际金融成长带来金融机构的总效用增加:$[u'(\delta) + \gamma v'(R^S)]z$。

由式(3-6)和式(3-7)得到最优条件下金融机构的成长特性变化情况为

$$\dot{\delta} = -\frac{u'(\delta)}{u''(\delta)}[r - (\rho - \frac{\gamma v'(R^S)}{u'(\delta)})] \tag{3-9}$$

即金融成长时间偏好为 $\rho - \frac{\gamma v'(R^s)}{u'(\delta)}$,金融机构更注重于将来的产业产出变化 $\gamma v'(R^S)$ 以及金融成长变化 $u'(\delta)$。

3.4.3 产业成长函数

同理,假设产业有很多相同的企业,我们将企业数目标准化为1。每个企业均追求企业的成长特性。在每一时期,企业对资金需求的变动函数为

$$\dot{F}^d = \theta R^d - bF^d$$

式中,θ 为金融资源搜寻产业投资机会并匹配成功的概率;bF^d 为产业结构调整而使产业 i 减少的资金需求。

设企业通过选择潜在产出 R^d 和资金需求 F^d 来实现利润最大化,企业不投资的单位成本为 c,则企业利润最大化的现值为

$$\max_{\{\delta\}}\int_0^{+\infty} \pi(t)\mathrm{e}^{-rt}\mathrm{d}_t$$

$$\text{s.t.} \qquad \dot{F}^d = \theta R^d - bF^d$$

$$\pi(t) = f(R^d, F^d) - rR^d - F^d z - cR^d \tag{3-10}$$

另设企业生产取决于资金 F 和产业产出 R，在初始资金需求 $F^d(0)$ 给定条件下，根据柯布－道格拉斯函数将企业生产函数改写为

$$Y = f(R,F) = AR^a F^{1-a} = A(\frac{F}{R})^{1-a} R \qquad (3-11)$$

式中，A 表示影响企业产出的其他因素。

同理，建立汉密尔顿函数

$$H = \pi(t) + \lambda_d(\theta R^d - bF^d)$$

设 λ_d 是资金需求的乘子，由标准的最优化条件得

$$r = f_1 \qquad (3-12)$$

式中，f_1 表示生产函数对 R^d 的偏导数。式(3－12)表明，金融成长和产业成长中资源的流动一方面要求产业资本收益足够高，以使金融资本愿意投资产业 i；同时也必须足够低，以使产业想要利用资本以增加产出，从而产业成长。因此资本在金融和产业 i 的投资具有相同的收益。

$$\theta = \frac{c}{\lambda_d} \qquad (3-13)$$

$$\dot{\lambda}_d = (r+b)\lambda_d - (f_2 - z) \qquad (3-14)$$

式(3－13)表示企业不投资的数量选择，即在最优情况下，不投资的成本 c 等于其期望的边际利润 $\theta\lambda_d$；f_2 表示生产函数对 F^d 的偏导数，公式(3－14)右边(f_2-z)表示资金需求边际收益一定大于资本市场的收益以补偿企业搜寻资金或金融机构搜寻和弥补产出缺口的成本，即企业增加投资实现潜在产出的增量收益为(f_2-z)。

3.4.4　匹配关系：资源配置关系

根据罗默[182]的劳动力市场搜寻和匹配模型建立金融成长与产业成长搜寻和匹配关系模型，即

$$M(1-F^S, R^d) = M_0(1-F^S)^{\xi} R^{d1-\xi}, \xi \in [0,1] \qquad (3-15)$$

式(3－15)即为金融成长与产业成长匹配函数，代表了金融成长中寻求新的投资机会，产业成长寻求金融支持，以及相互匹配关系形成这一过程。M_0 为

影响金融成长与产业成长匹配关系的其他因素，如产权制度、法制水平、信用环境、微观规制、技术创新、政治因素等。

设 $\eta = \frac{R^d}{1 - F^S}$，则 η 表示金融成长的弹性，或曰金融市场的资金供求紧张度，η 越小，资金供求关系越紧张。因此，资金缺口寻求产业产出缺口的速率以及资金缺口弥补产出缺口匹配成功的概率取决于金融成长，即

$$\alpha = \frac{M(1 - F^S, R^d)}{1 - F^S} = M_0 \eta^{1-\xi} \qquad (3-16)$$

$$\theta = \frac{M(1 - F^S, R^d)}{R^d} = M_0 \eta^{-\xi} \qquad (3-17)$$

通过求偏导可知，式(3－16)意味着 α 是 η 的递增函数，式(3－17)意味着 θ 是 η 的递减函数。即资金供求越宽松，搜寻产出缺口的速率越快，这可能与金融机构成长特性有关；但资金缺口与产出缺口匹配成功的概率却越小，这可能是由于金融成长过快，脱离产业成长从而造成匹配成功的较小概率。因此，可以这样理解：金融成长有利于产业更快、更易获得所需资金；但金融成长过快有可能导致金融成长脱离产业成长。这与现实相一致。但 $\alpha(1 - F^S) = \theta R^d$ 总是成立：单位资金缺口与单位产出缺口匹配成功，企业将得到 $(f_2 - z)$ 的增量收益，金融机构将得到 $[u'(\delta) + \gamma v'(R^S)]z$ 的增量收益，则金融成长与产业成长的纳什均衡为

$$\max_{\{\delta\}} \{[u'(\delta) + \gamma v'(R^S)]z\}^{\chi} (f_2 - z)^{1-\chi} \qquad \chi \in [0,1]$$

即经济体由金融和产业组成，χ 表示金融成长对经济体的贡献度。

结论1：在产权明晰、较高法制水平、良好的社会信用环境和有效的微观规制条件下，金融的资源配置功能自发实现，金融成长与产业成长达到纳什均衡，即二者的合理匹配关系。这种均衡反映了金融成长的贡献度大小：在经济发展初期，χ 较小；当金融成长获得产业成长的话语权时，χ 较大。

3.4.5　动态机制与长期稳定状态

根据经济学原理，假设完全市场经济条件下，利率 r 使资本市场出清：$F^S = F^d = F$；产品市场出清：$R^S = R^d = R$。$u(\delta)$、$v(R^S)$ 分别代表金融成长收

益和由于产业成长带来的收益的函数，为得到各变量的变化情况，我们将用特殊的函数 $u(\delta)=\log\delta, v(R)=\log R$。

1. 动态机制

以 g 表示相应变量的增长率的变化率。由公式(3－13)和公式(3－14)可得

$$g_{\theta}=-g_{\lambda d}=-[r+b-\frac{\theta}{c}(f_2-z)]$$

$$g_{\eta}=-\frac{1}{\xi}g_{\theta}=\frac{1}{\xi}[r+b-\frac{\theta}{c}(f_2-z)]$$

由式(3－5)和式(3－9)，通过适当的变量替换，可以得到各变量的变化情况，即

$$\dot{\delta}=\delta[\alpha A(\frac{F}{R})^{1-\alpha}-\rho+\frac{\gamma\delta}{R}] \quad (3-18)$$

$$\dot{F}=M_0\eta^{1-\xi}(1-F)-bF \quad (3-10)$$

$$\dot{R}=AR(\frac{F}{R})^{1-\alpha}-\delta-c\eta(1-F) \quad (3-20)$$

$$\dot{\eta}=\frac{\eta}{\xi}[\alpha A(\frac{F}{R})^{1-\alpha}+b-\frac{1-\chi}{c}M_0\eta^{-\xi}(1-\alpha)A(\frac{F}{R})^{-\alpha}] \quad (3-21)$$

令 $\gamma=\frac{f}{g}$ 表示产业潜在产出与实际产出的变化率，反映产业成长；$x=\frac{\delta}{R}$ 表示金融成长与产业产出比率，即金融成长与产业成长相对比率，则

$$g_x=(\gamma+1)x+(a-1)\gamma+\frac{c\eta(1-F)}{F}(\frac{\gamma}{A})^{\frac{1}{1-\alpha}}-\rho \quad (3-22)$$

$$g_{\gamma}=(\alpha-1)[-x+\gamma-\frac{c\eta(1-F)}{F}(\frac{\gamma}{A})^{\frac{1}{1-\alpha}}-M_0\eta^{1-\xi}\frac{1-F}{F}+b] \quad (3-23)$$

$$F=M_0\eta^{1-\xi}(1-F)-bF \quad (3-24)$$

$$g_{\eta}=\frac{1}{\xi}[\alpha\gamma-\frac{A(1-\chi)(1-\alpha)}{c}M_0\eta^{-\xi}(\frac{\gamma}{A})^{-\frac{\alpha}{1-\alpha}}+b] \quad (3-25)$$

结论 2：金融成长与产业成长具有内在的相互作用的动态运行机制。产业成长的任何变动，无论是产出缺口（潜在产出 f）的扩大，还是现有产业产出 R 的

扩大,都会对金融提出变动要求,直接表现为金融成长与产业成长的相对比率和产业成长的相对比率的变动。比率的变动导致资金紧张度和资金市场匹配关系的变化。各变量在这种变化中寻求新的均衡点,其动态演变关系反映在式(3-22)~(3-25)。

2. 长期稳定状态

在上述分析的基础上,我们定义金融成长与产业成长匹配关系的长期均衡状态为 $M^* = [x^*, y^*, F^*, \eta^*]$,则长期均衡状态方程式为

$$\alpha y^* + \gamma x^* - \rho = 0 \quad (3-26)$$

$$-x^* + y^* - \frac{c\eta^*(1-F^*)}{F^*}\left(\frac{\gamma^*}{A}\right)^{\frac{1}{1-\alpha}} = 0 \quad (3-27)$$

$$M_0\eta^{*(1-\xi)}(1-F^*) - bF^* = 0 \quad (3-28)$$

$$\alpha y^* - \frac{A(1-\chi)(1-\alpha)}{c}M_0\eta^{*-\xi}\left(\frac{\gamma^*}{A}\right)^{-\frac{\alpha}{1-\alpha}} + b = 0 \quad (3-29)$$

结论3:在产权明晰、较高法制水平和良好的社会信用环境、有效的微观规制等条件下,金融成长与产业成长之间具有长期均衡关系,二者的匹配关系即二者的资源配置关系与产业成长特性 γ、产业潜在产出和实际产出比率 y、资金紧张度 η、产业间资源转移速率 b、金融贡献度 χ、金融成长特性 δ、产业设备闲置成本 c 等变量有复杂的关系,式(3-26)~(3-29)是二者均衡状态的方程式。

3.4.6 互动关系

1. 考虑均衡状态下产业成长特性对金融成长的影响

由式(3-26)得:

$$\frac{d\delta}{d\gamma} = \frac{1}{R} > 0。$$

这一结果表明,产业成长特性越大,金融成长越快。即产业成长内在地要求金融成长。表现为金融成长与产业成长相对变化率的变化。

同理可得

$$\frac{d\delta}{dR} > 0;\frac{d\delta}{dy} > 0;\frac{d\delta}{dc} < 0$$

不论是现实的产业成长还是潜在的产业成长(表现为产出缺口的扩大),均要求与之匹配的金融成长;而设备闲置成本越小,金融成长特性越大,即产业成长,金融成长。

结论 4:产业成长内在地要求金融成长。产业成长特性的提高要求金融为其提供金融服务;产业现有规模的扩大或效率的提高需要充足的资金支持;产业成长使得产业产出缺口扩大,更多资源流向该产业。此时,内生金融的成长特性受资本设备闲置成本的制约,实际上反映了金融成长取决于产业成长。

2. 考虑均衡状态下金融成长对产业成长的影响

同理,由式(3-26)和式(3-27)可得

$$\frac{\mathrm{d}\gamma}{\mathrm{d}\delta} > 0;\frac{\mathrm{d}R}{\mathrm{d}\delta} > 0;\frac{\mathrm{d}y}{\mathrm{d}\delta} > 0;\frac{\mathrm{d}c}{\mathrm{d}\delta} < 0$$

结论 5:金融成长是产业成长的重要推动力。随着金融成长,产业成长特性提升;产业产出和产出缺口扩大;相应地,资本的闲置成本下降。

对这一结论可作如下解释:随着金融成长,即金融业的规模扩大和效率提高,产业能够以更低的成本筹集到所需的充足资本,产业的成长特性提高,产业的产出扩大。产业成长特性的提高和实际产出的扩大以及金融成长,对产业的需求进一步扩大,产业的产出缺口增加,必然导致更多厂商进入产业 i,厂商的行为提高了资金匹配率,资本的闲置成本下降。

由结论 4 和 5 可得出:产业成长内在地要求金融为其提供服务,而金融成长客观上提高了产业成长特性,扩大了产出规模,从而产业成长。在产权明晰、较高法制水平和良好的社会信用环境、有效的微观规制等条件下,资金的自由流动使资源配置自发实现最优化,资本的闲置成本下降。因此,金融成长与产业成长具有互动关系。

3. 匹配关系偏离分析

以上分析显示,产业成长内在地要求金融成长,金融成长是产业成长的重要推动力,在产权明晰、较高法制水平和良好的社会信用环境、有效的微观规制等条件下,二者之间形成合理的匹配关系。然而,现实却往往总是存在过度金融成长以及产出的过度调整行为。具体表现为金融危机的爆发(参见第 95 页附注)

以及由此造成的产业过度调整行为，其根本原因何在？这就需要分析金融文化的双重性格。

从广义上来考察，文化由三个部分构成：物质部分、动态部分和心理部分，这三类文化互为因果，无法独立存在[183]。金融业作为独立的产业而存在，在其成长过程中形成了其特有的金融文化：金融服务的信用性和自律性，金融组织的贪婪性和冒险性。

(1)金融服务的信用性和自律性。信用性是指在商品买卖中的延期付款或货币的借贷，是商品交换与货币流通中的一种经济关系。信用的本意是诚实不欺，有约必践，信用的基本条件是有欠必还[184]。而所谓自律性是按理性的要求行事，即要从内心深处敬重理性法则，在行为过程中遵循理性法则[185]。信用性和自律性是金融成长的内在要求。

内生于经济交易的货币具有一般等价物的属性，而这种属性必须得到某一社会群体的认同。各地区不同历史时期的不同实物货币和信用货币的流通，没有认同感即失去其存在的依据。即一般等价物具有的认同感需要金融业的信用性来维持和保护，尤其是当这种认同感突破原有的狭小的范围，被更多的社会群体所接受时。“私人之所以接受这些纸张，是因为他们相信，别人也会接受这些纸张”。“共同拥有一种货币的信念价值非常之大，以致人们在受到极为严重的挑战之时，也固执于这种虚构而死抱着不放手。但我们也不能说这种虚构是不可摧毁的。”[186]

在金融交易中，资金的借贷双方交易的是资金的支配权和使用权而不是所有权。资金的支配权和使用权更多体现为信用关系，也更需借贷双方的自律机制来维护；另外，金融交易的对象是对未来的预期，尤其是伴随“金融工程”的发展，要求良好的信用环境和微观规制（自律机制）来实现。

金融工具充当一般等价物所具有的社会群体的认同感和金融交易的属性要求有信用制度的保护，要求金融交易者的自律机制来维持。因此，金融成长天然需要信用制度和自律机制以保证金融成长。

(2)金融组织的贪婪性和冒险性。金融组织与一般的生产性企业组织相类似，同样需要生产要素的投入，进行成本收益核算；但金融组织又具有独特性，经营的对象是资金，即一方面吸收储蓄，另一方面贷出资金。此时，金融组织最主要的资源是信息，它了解自己真实的资信等级和投融资双方的资信，也了解金融资本本身所具有的脱媒性，金融组织利用这些私有信息从事投融资活动，从中赚取收益。因此，金融组织最主要的资源是信息，而信息又具有极强的加工性和易变性，即金融组织可根据所需对信息进行加工处理，改变原有信息属性。如金融组织可以通过企业财务报告抬高企业评估价值，提高企业资信等级，从而以低成本筹集资金；金融组织还可利用资信等级评估人为压低企业等级，尤其是对发展中国家的金融组织、生产性企业从政治因素和经济因素方面评估，提高筹资成本，既控制发展中国家的金融成长，又可赚取巨额借贷差价。可见，信息具有极强的可加工性和易变性，而金融组织恰好拥有的是独特的信息资源，从而形成私有信息市场。在私有信息市场，金融组织作为主宰者，必然追求最大收益，使得金融业具有很强的贪婪性；金融本身所具有的虚拟性又为金融组织的冒险性提供了极大的便利。因此，金融业具有贪婪性和冒险性，金融业的过度扩张成为必然，金融危机的爆发时有发生。

由以上分析可以看出，金融工具内生的信用性和金融交易的特性要求良好的社会信用环境和金融交易者之间的自律机制来实现；私有信息市场的形成使得金融组织具有极强的贪婪性和冒险性。由此形成金融文化的特征：信用性、自律性与贪婪性、冒险性。信用性和自律性维持着金融成长，而贪婪性和冒险性使得金融“泡沫”不可避免，金融危机时有发生。因此，金融危机可以被认为是纠正金融与产业成长不匹配关系的过程，同时也说明二者必须保持合理的匹配关系。

3.5　小结

金融成长内生于产业成长，同时又是产业成长的重要推动力，二者之间具有互动的内在关系，需要保持合理的匹配关系。在经济发展初期，物质资料的生产是经济发展的首要目标，一国应实行产业优先发展战略，金融成长目标服从于产业成长；当金融成长衍生与附加了商品定价权和金融资产定价权时，产业成长金融化成为经济发展的重要特征,一国应实行金融优先发展战略,保证和加快产业成长。

1. 金融成长内生于产业成长,同时又是产业成长的重要推动力

金融内生性成长的演进路径表明,生产和消费的变化改变着人们的经济交易方式,经济交易方式的改变内在地要求相应的金融工具、金融机构和金融功能与之匹配;在满足经济交易的同时,金融业自身不断成长,形成自己独特的运行机制。另一方面,社会扩大再生产是以资本积累为前提,即资本积累增加储蓄、提高投资率,从而保证和加快产业成长。因此,金融成长又是产业成长的重要推动力。当金融成长衍生与附加了商品定价权和金融资产定价权时,金融成长在一定程度上决定产业成长,从而产业成长出现金融化趋势,国家发展战略应作出相应调整。

2. 产业成长金融化

当产业成长到一定水平,金融业具有一定的基础时,在资源禀赋、技术进步、制度变迁等因素约束下,金融对产业成长具有重要的影响,产业成长金融化成为经济发展的重要特征。此时,一国实行金融优先发展战略将会保证和加快产业成长。这是因为在发达的金融市场,商品定价机制和金融资产定价机制影响着资源配置的方向和效率,而金融资本和产业资本的有机融合使得金融对产业成长具有加速器的作用。

3. 金融成长和产业成长具有临界值和成长能力边界

金融成长与产业成长具有因果关系。在一定的政治经济制度下,二者互为制约因素:金融成长的临界值决定于产业成长特性,而产业成长的临界值又取决于金融成长特性,二者相互决定着对方的成长边界。“三重螺旋”模型表明,在不同的发展阶段,政府行为、金融成长、产业成长三者的作用大小各不相同,从而表现出金融自由化、金融约束等不同的金融成长特性,并产生不同的产业成长结果。

4. 金融成长与产业成长应具有合理的匹配关系

金融成长内生于产业成长,金融成长远远超过产业成长必然形成金融泡沫,造成产业成长的过度调整。因此,金融成长与产业成长应保持合理的匹配关系:

在产权明晰、较高的法治水平、良好的社会信用环境和有效的微观规制的前提条件下，二者的匹配关系与产业成长特性、产业潜在产出和实际产出比率、资金紧张度、产业间资源转移速率、金融贡献度、金融成长特性、产业设备闲置成本等变量相关。合理的匹配关系会形成金融与产业的良性循环机制，否则，恶性循环机制将会对一国经济产生极大的破坏。

5. 金融文化的双重性格是金融危机频繁发生的原因

金融业在其形成与成长过程中形成了独特的金融文化：信用性、自律性与贪婪性、冒险性并存，既促进金融成长，又使得金融业总是面临道德风险，危机频繁爆发。因此金融文化的双重性格决定了金融体系的脆弱性以及金融危机的频繁性，同时也造成产业的过度调整行为。

附注：学者对历史上的金融危机的两种意见

一是金融成长过快，脱离了产业成长，即金融“脱媒”论。如“Mishkin[187]认为墨西哥金融自由化导致非金融企业的信用膨胀；Kaminsky 和 Reinhart[188]认为20个国家的危机有一个共同的先兆——金融自由化和明显的信用扩张，并伴随着每年高于正常水平的40%的股价平均涨幅；Weil[189]认为当存在一个恒常的泡沫破裂的外生概率时，泡沫能够存在；而2007年美国次贷危机爆发的根源在于以投资银行业务为代表的虚拟经济过度膨胀以至于超出实体经济承载能力所造成的[190]。

二是金融自由化带来投资者和政府监管不力。如刘明康[191]认为，一方面，贷款的发起人经过资产证券化后很少再持有本行发放的按揭贷款，其贷款审核和监测的意愿大大降低；另一方面，按揭抵押证券的投资者受风险分散和有限法律责任等因素的影响，其监督意愿也是不足的。更为严重的是，投资者更愿意将风险监测的责任“委托”给信用评级机构，而评级机构更偏好不断推进资产证券化的规模扩张而非审慎监督。从监管角度看，数量庞大且资产规模较小的专业住房贷款机构并未纳入美联储和储蓄机构监管办公室的直接监管范畴，经过州政府审批注册的专业贷款公司得不到专业化和持续性的监管。同时，监管当局认为对冲基金和它背后的投资者具有足够的专业能力和抗风险能力，因而不需要进行监管。廖岷[192]认为，市场约束不等于放任自流，越是发达的金融市场，越是需要与风险复杂程度相匹配的严格监管；金融监管要适应创新和市场变化，不宜过分依赖具体“规则”的约束，而应采取更具灵活性的原则导向监管模式，注重加强同市场的沟通，处理好创新与稳定的关系，从而构建更加稳健的金融体系。

Allen和Gale[193]对金融危机有更深的认识，他们认为金融体系本身具有脆弱性：银行和其他金融机构可能会提高金融系统的风险。特别是和一些负债的投资者类似，当银行接近“吃水线”时，银行有激励从事风险转移行为。另外，银行的流动负债与流动资产可能不匹配，使得银行很难应付流动性冲击。而现行的国际货币体系具有内生的不稳定性；“特里芬难题”、汇率的制度性缺陷、价格信号紊乱、国际性游资冲击，这种不稳定性是多次金融危机的原因[194]。

第4章　中国金融与产业成长历史演进

自1949年新中国以来,中国特定的社会经济结构决定了金融成长目标与产业成长的关系。这种关系使得中国取得令人瞩目的成就,也面临着进一步发展的困境。

4.1　金融约束与产业优先发展(1949.10~1978)

4.1.1　产业优先发展战略

新中国成立后,传统产业得以恢复和发展,为国民经济的恢复和发展提供了物质基础。另外,建立了一批旧中国所没有的传统工业部门;更为重要的是,随着当代科学技术的发展,新中国从无到有、从小到大建设了一批新兴尖端技术产业(表4-1)。在这一过程中,政治体制决定了经济体制,政府建立了高度集中的计划经济体制,实行产业优先发展战略,构建了完整的工业经济体系。

需要特别指出的是,我国新兴的先进的科学技术从诞生之时起即开始应用于工业生产,并且逐步形成了适合中国情况的,包括手工操作、半机械化、机械化和自动化的多层次技术体系,使中国工业现代化事业开始走上健康发展的轨道[195]。虽然这些新兴高新技术在这一时期并未形成主导产业,但其对其他产业成长具有重要的支持作用,而且为下一阶段的自身成长提供了重要的物质基础和技术保证。

4.1.2 单一银行金融体系与产业成长支持

1950年3月国家公布了《关于统一国家财政经济工作的决定》,统一现金管理,对外汇实行“集中管理,统一经营”。之后,计划经济体制的确立,内在地要求社会储蓄和投资均由同一主体即政府掌握,因此,多种金融机构合并成单一的人民银行,取消商业信用和多种信用流通工具,把固定资产和流动资金定额部分划归财政拨款范围,银行只负责超定额、临时性的短期流动资金贷款,银行内部实行统收统支、统存统贷的资金管理制度。中国人民银行既是金融行政管理机关,又是具体经营银行业务的经济实体,而其信贷、结算、现金出纳等制度的出发点都是为了严格监督和保证中央高度集中的计划任务的执行和实现。这种单一的金融体系为我国产业成长作出了巨大贡献。

(1)为我国产业成长提供了巨额资金支持。在全国范围内统一调度信贷资金和调节、控制货币,保证国家产业政策的实施(表4-1,图4-1)。

(2)积极利用外资,促进产业成长。新中国建立之初,主要争取各社会主义国家的资金和技术援助,建成了冶金、机械、汽车、煤炭、石油、电力、电讯和化学工业等工业企业,为我国传统工业成长提供了重要的基础;从20世纪60年代开始,中国利用出口信贷和延期付款方式向日本、英国、法国、联邦德国等资本主义国家筹集资金,重点对冶金、石油化工、机械、电子、轻工业等部门进行技术改造和填补一些空白;70年代,继续利用外资引进先进成套设备。

(3)外汇集中供应制。国家对外汇资金的收付买卖、调拨转移、进出国境实行严格管制。外汇垄断制为我国进口替代战略的实施以及缓解国内市场消费品严重短缺作出巨大贡献。

表 4－1　金融与产业成长历史（1949.10～1978 年）

时间	产业成长	金融成长	重要特征或事件
建国初期	加强传统工业：煤炭工业、石油、发电、钢、化肥、纺织、制糖等	1950 年公布《关于统一国家财政经济工作的决定》，统一现金管理，对外汇实行“集中管理，统一经营”	以重工业为中心，同时对农业信贷和工场手工业信贷，对私人资本主义工商业实行在不同时期，对不同行业、不同对象区别对待，从而加速资本主义工商业的社会主义改造
第一个五年计划	新建传统工业：化学纤维、计时手表工业、日用精制品工业、啤酒工业、汽车工业、发电设备制造、铁路机车		
第二个五年计划	新建传统工业：合成洗涤剂、电视机、手扶拖拉机——使中国农业机械化和现代化水平明显提高	建立单一的中国人民银行	建立“一切信用集中于银行，一切借款通过银行”的单一资金融通方式
1958 年	新兴产业尖端技术：集成电路；第一台电子计算机	1958～1960 年，一些有效的规章制度被废除，流动资金管理原则被曲解，信贷资金敞口供应，货币发行失去控制	
1961 年 9	中国第一台红宝石激光器诞生	公布《关于切实加强银行工作的集中统一，严格控制货币投放的决定》，严格货币投放，利用银行促进工业调整，发挥银行监督作用	
1962 年			
1963 年	研制成功氦氖激光器		
1970 年	花粉离体培养		

资料来源：根据相关资料整理。

注：本表根据相关资料整理。

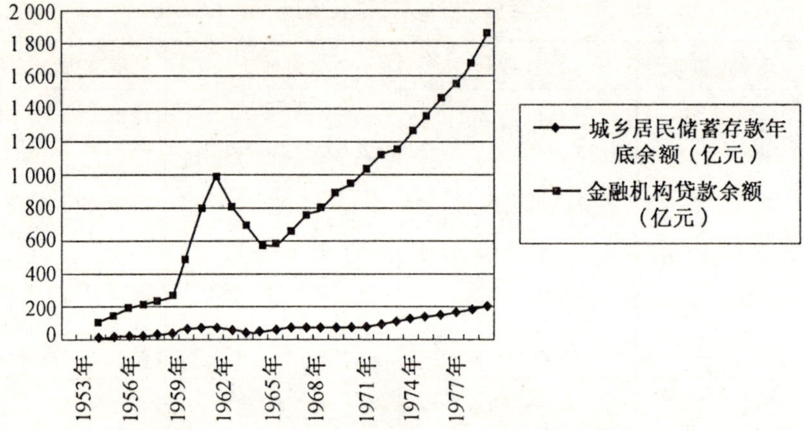

图 4-1 城乡储蓄存款余额和银行各项贷款(1952~1978)[210]

4.2 金融结构“二元化”与产业结构调整(1978~2000)

至1977年,高度集中的计划经济体制已经丧失了激励创新和提高效率的动力,严重地阻碍了生产力的发展,在企业缺少成长特性和服从于统收统支的信贷管理的单一金融体系关系下,国民经济已处于崩溃的边缘。改革现行经济体制成为政府的必然选择,而其中许多措施是对已存在的经济现象的一种追认,反映出我国经济改革是在市场倒逼机制下进行,逐步确定并建立社会主义市场经济体制。

4.2.1 金融双轨制与产业结构调整

社会主义市场经济确立的过程中,政府仍然实行产业优先发展的战略。借鉴当时新兴工业化国家成长之路,我国制订了出口导向和进口替代并行的产业发展战略。实质上,1978~1990年初实行的是进口替代战略,之后转为出口导向战略。

1. 1978~1990年,金融改革与进口替代产业成长

改革开放之初,农业联产承包和国有企业改革引发了人们压抑的消费需求,

尤其是耐用消费品的需求近乎爆炸性增长和迅速普及。这些新兴产业的成长(表4-2)既吸收农业劳动力的转移,又具有吸收、引进和传播新技术的动态效率[196]。

表4-2 中国工业部门的结构变动(1980~1998) %

	(a)1980	(b)1988	(c)1998	(b)-(a)	(c)-(b)	(c)-(a)
轻工业:以农产品为原料	34.56	32.34	27.16	-2.22	-5.18	-7.40
轻工业:以非农产品为原料	11.22	14.84	15.77	3.62	0.93	4.55
重工业:采掘工业	7.37	5.99	5.97	-1.38	-0.02	-1.40
重工业:原料工业	22.31	20.38	22.32	-1.93	1.94	0.01
重工业:制造工业	24.54	26.45	28.77	1.91	2.32	4.23
机械电子工业	21.96	26.08	29.64	4.12	3.56	7.68
电子工业	1.62	3.41	7.22	1.79	3.81	5.60
冶金工业	9.99	9.48	8.86	-0.51	-0.62	-1.13
纺织、缝纫、皮革制品	18.21	14.84	11.20	-3.37	-3.64	-7.01

资料来源:卢荻. 变革性经济增长[M]. 北京:经济科学出版社,2001:41.

注:表中数字为各行业现价工业总产值在整体工业部门中所占的比重(%),数据涵盖全部乡及乡以上独立核算工业企业。

然而,这些新兴产业的成长,在我国更多表现为依赖从国外引进成套机器设备甚至关键零部件的进口,这也即是进入20世纪90年代人们普遍关注的中国成为“世界工厂”的前奏。在当时,消费膨胀拉动投资热潮,对外开放引发进口技术设备浪潮,国有企业改革使得企业追求利润和企业成长特性,而企业的软预算约束更助长了投资冲动;同时,银行由单一的人民银行发展为多家专业银行,国有银行内部改革也引发贷款增加,这些因素综合起来,引发了大规模的投资热潮和进口热潮,至20世纪80年代末出现了严重的通货膨胀;而在进口热潮中外汇短缺问题一直是进口替代的瓶颈因素,国家在此期间实行严格的外汇管制、双汇率制、外汇调剂市场等,以劳动密集型和资源密集型产品出口收入来为新兴产业成长提供外汇资金保证。同时,债券市场的建立也为国家重点项目(产业成长)提供更多资金保证。

2. 1990～2000年,金融结构改革与出口导向产业成长

1992年社会主义市场经济体制成为我国经济体制的目标之后,改革的力度进一步加大,中国经济再上新的台阶。产业成长出现新的特征,困扰中国的出口结构问题得以有效缓解——这一点可从中国出口商品结构的变化看出:我国出口商品结构自改革开放后经历了三次重要转变:第一次是1986年纺织品和服装取代石油成为我国第一大出口产品,标志着出口商品从资源密集型为主向劳动密集型为主转变;第二次是1995年机电产品取代纺织品和服装成为第一大类出口产品,标志着出口产品从劳动密集型为主向资本密集型为主转变;第三次是2002年高科技产品在制成品中的比例达到20.8%,超过20%的世界平均水平,标志着出口制成品从资本密集型为主转向资本与技术密集型为主。

新兴产业不断成长,对资金的需求内在地要求金融成长:改变单一融资方式,提高融资效率;同时改革开放带来的国民收入的增长也要求有相应的投资渠道;国有企业的公司制建立以及民营企业的不断成长壮大,要求银行业的企业化改革和产业的多种融资渠道的建立;分权制下的地方政府间竞争市场的存在激励地方政府筹集更多资金投资地方产业成长。各种因素综合起来内在地要求金融成长。因此,1990年11月26日上海证券交易所成立,1991年7月3日深圳证券交易所成立,标志着我国证券市场的正式诞生;1994年银行业的改革也在迅速展开;同年的汇率制度改革,价格双轨制消失;1996年实现经常项目自由兑换,至90年代末期,资本项目中的大部分也实行了自由兑换;1997年11月14日发布了第一个经国务院批准、专门用以规范证券投资基金的《证券投资基金暂行办法》;1998年颁布《中华人民共和国证券法》,为规范证券发行和交易行为,保护投资者的合法权益,提供了法律依据,对于筹集建设资金,防范和化解金融风险,保障证券市场健康发展,起到重要作用;2000年10月12日,中国证监会专门出台了《开放式证券投资基金试点办法》。……至此,我国已建立了比较完整的金融体系:以银行为主导,间接融资为主,证券市场并存,直接融资为辅[197]。

这一时期由于整个经济体处于不断调整改革时期,金融与产业成长的关系也曾出现波动。如1992～1993年房地产、股票市场和经济开发区热潮的背后即

是银行信贷的膨胀;至90年代中期,投资热潮有所下降,1997年东南亚金融危机导致我国1998~1999年的经济萎缩,企业投资意愿下降,银行信贷缩减,证券市场萧条,中国经济进入新的调整时期,至2000年走出萧条。

总体而言,经济体制改革之后,经济利益主体多元化,单一的国有银行体制转变为多家专业银行并存的体制,而其所拥有的仍然是公有金融产权。因此,这次改革实际上是国有金融产权边界的扩展,同样,中国证券市场规模从1992年起加速扩展,由于很大比重的股票份额属于未交易的国家股(或法人股),从根本上讲与国有银行的储蓄动员具有同样的内涵。这种扩展使国家获取了支配金融资源与金融剩余的巨大收益——因为国家支配金融资源的能力是国有金融体制扩展的增函数[198]。此时国家对金融资源的控制意愿如此强烈:一是因为国家自身要维护和扩张其垄断金融产权边界;二是改革以来财政能力的迅速下降进一步增强了国家控制金融的迫切性(低货币化的初始条件提供了巨额的货币发行收益与金融剩余)[199];第三,90年代多次发生的金融危机对东道国及相关国家的破坏力也加强了政府控制金融的意愿,以保护国内金融体系的稳定。可见,中国政府控制金融成长的强烈意愿来自于对于资源的控制和对风险的防范。

政府通过控制金融资源进而控制社会资源,保证了国家产业政策的顺利实施,实质上是人为干预和市场机制相混合:金融业的规模扩张和二元化结构保证了产业所需资金,而市场化改革促使金融和产业不断提高效率,从而加快了产业优化升级,也使我国在多个产业成为世界主要生产国和消费国。

4.2.2　地方政府间竞争市场与地方产业成长

政府行为是分层、依次发生的。现实中的政府科层结构又包括三层:中央与地方政府之间,地方政府之间、地方政府内部各部门之间,三层关系使得现实中的政府行为表现为分层、依次发生利益的多重目标和政府行为的复杂性。但总体来看,中央政府行为更多注重整体均衡和扶持经济长期发展、加强公共事业管理,以期获得具有稳定基础的政治统治;地方政府行为更多则关注本地区的集团利益,既扶持地方经济发展,又具有"掠夺之手"的特性,以获得最佳政绩和短期经济发展。地方政府竞争行为形成地方政府间竞争市场,导致地方政府行为的变异——一方面,各地方政府积极向上级政府寻求优惠政策;另一方面,各地方政府积极扶持主要地方利益集团(主要表现为扶持地方重点企业)。中央政府作为管理者,采取一方面加强反腐,另一方面又对地方政府妥协的方式协调地方利益,维持稳定的政治制度和经济发展。在我国改革开放的背景中,财政分权制形成计划经济与市场经济的并存对立——中央政府主要以计划方式管理生产资料工业,地方政府积极扩大市场化的加工工业,积极争取银行信贷、企业上市筹资等支持地方企业成长,客观上促进了产业成长和地方产业成长的不平衡(地方产业成长激励了民间金融组织的兴起和发展,成为地方产业成长的重要支持力量)。由于信息不对称、有限理性、搭便车等集体行为逻辑的存在,作为微观行为主体的企业(包括金融中介等)、居民必然在政治合同的约束下进行彼此有利的活动,在多重博弈的预期下,个体的寻租行为和政府行为的变异产生,政府行为不断调整。

4.2.3 产业成长与金融成长外部环境

1985年"拨改贷"政策以来,国有银行的不良债权和呆账逐年增加,尽管1994年组建政策性银行,该问题依然无法解决。其原因在于国有银行的大部分呆账导因于为支持渐进改革而持续产生的信贷剩余转移,因此,在所有权结构不做大的改变的条件下扩大国有银行的信贷自主权,对这一改革思路提出新的挑战[200]。同时,在金融抑制体系下,由于法制水平的低下,中国存在两种主要的资金漏损渠道:商业信用,它的形式往往是三角债;国有企业的资产和资金直接转移到私人部门。通过这两种渠道进行资金转移的活动大多是违法的,然而它们的确有助于私人部门获得稀缺的金融资源,进而可能有助于经济的增长[201]。这种短期的均衡毕竟不利于金融和产业成长,法制水平的低下造成社会信用环境的恶化和微观规制的缺失,这又反过来进一步降低法制水平,由此形成恶性循环。金融成长的外部环境问题显现,从而制约着产业成长。

4.3 风险资本市场、金融开放与产业成长(2000至今)

经过近20多年的改革开放,中国的产业成长由原来的注重规模的扩大转向产业结构调整,金融成长与产业成长的匹配关系问题凸显。

2001 年我国加入 WTO,客观上要求中国社会主义市场经济体制的完善,政府更多从宏观上调节经济,企业和金融业更多在市场机制下运行。

随着中国产业结构的不断优化,产品竞争力的不断提升,中国产品的国际贸易争端骤增,中国成为“世界工厂”以及中国贸易条件恶化等的讨论越发引人注目。实质上这些问题的产生是中国产业成长进入新的阶段的必然结果。如前所述,经过 80 年代的大量引进和 90 年代的调整,新兴产业整合成具有规模生产的大型企业组成,再依靠进口设备和零部件走简单加工、组装的道路显然是不行的;而且,企业的规模生产也使企业具有 R&D 能力,加大 R&D 投入,进行技术创新是唯一途径。因此,进入 21 世纪,新兴产业的 R&D 投入不断加大,产业结构不断优化(图 4-2)。

在产业成长更多注重规模和竞争力的共同提升的同时,金融业在金融深化的过程中不断优化金融资产结构(图 4-3),在 1990 年以前只有金融机构贷款,之后产业筹资来源增加了股票和企业债券,尽管存在所有制制约而且所占比重很少,但说明融资渠道的多元化,而且,金融业的资金效率整体在提升。从银行业资金配置的发展趋势看,银行体系的资金配置格局与收益之间逐渐开始具有正相关性,说明银行体系的资金配置渐渐已经开始向遵循效率原则的方向发展;中国沪、深两地的股市效率介于美、日与亚洲其他国家和地区之间,同时股市效率正逐渐变强,一年期有效性早已达到,而中长期有效性也正在逐渐逼近。尤其是从融资效率方面看,中国证券市场的资源分配现状基本上是令人满意的:那些业绩较优、发展前景良好的行业或上市公司获得了大部分的市场新增融资;发生重大股权转让的公司往往是业绩较差的公司,股权转让会在当年及之后一两年内改善公司绩效表现,但这种改善并不持久[202]。

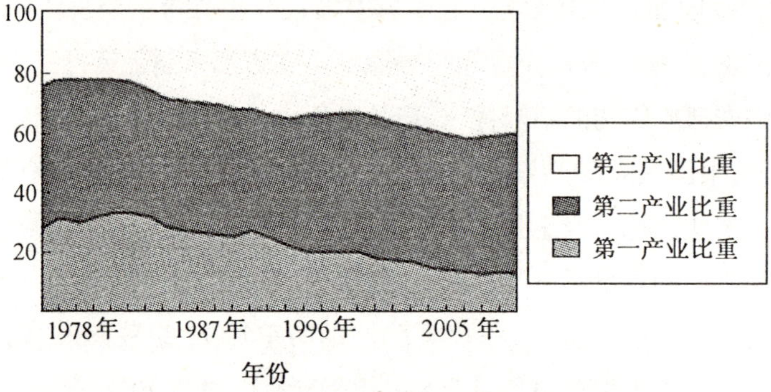

图4－2 各产业在国内生产总值中的构成①

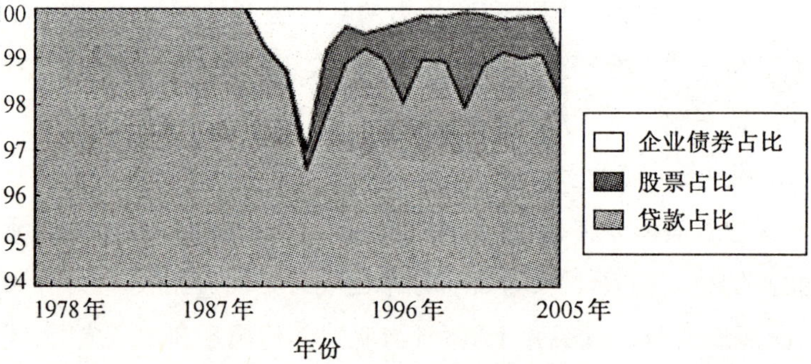

图4－3 融资结构变化②

这些特征反映出我国金融成长已走向规模和效率的共同发展，金融成长更具竞争力；从全社会固定资产投资资金来源构成（图4－4）也反映了产业成长的资金更多是自筹和其他资金。

---

① 2006年中国统计年鉴。

② 2006年中国统计年鉴。

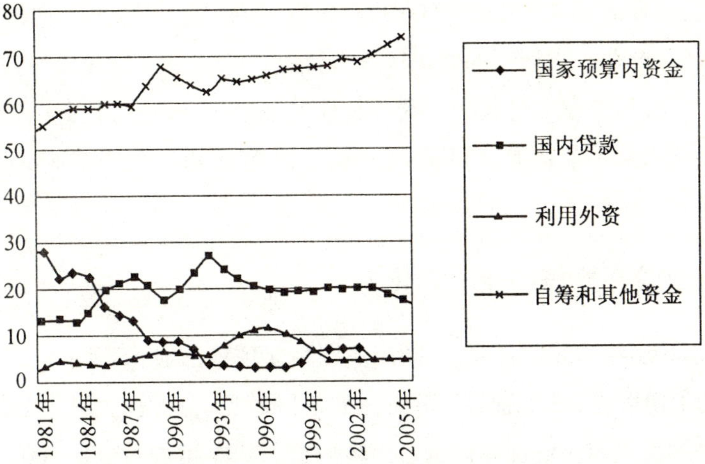

图 4－4　全社会固定资产投资资金来源构成[①]

4.3.1　风险资本市场与产业技术创新

经过 20 多年的改革开放，提高企业自主创新能力成为我国推进结构调整的中心环节。科学技术是第一生产力，金融则是第一推动力。国际经验表明，通过风险资本投资实现资金和技术的有效对接，引导资本流入到高新技术产业，为创新型科技企业提供资本支持和增值服务，同时，促进资本与技术的融合，参与管理过程，提供激励支持，为自主创新分散风险等，从而发挥风险资本对高新技术产业发展的催化和推动作用，这对于产业结构调整具有极强的带动作用。风险资本投资是将资金投向高风险的新技术开发领域，以期成功后取得较高收益。因此，风险资本投资具有高风险、高收益、权益性、专业性、长期性等特点，这些特点恰好对科技含量高、成长性强的高技术产业有特殊偏好。

技术创新在产业成长中的重要意义已被各地政府充分认识到，因此政府创办的风险投资公司从数量上和规模上都在迅速发展，但由于政府的不恰当干预，通常表现出政治色彩，同时缺乏激励和约束机制，使得风险投资公司的作用受到

① 2006 年中国统计年鉴。

约束;民间投资的创业中心有成功也有失败,新产业"孵化器"功能开始显现。但总体来看,产业技术创新的孵化机制有待进一步完善。更为值得注意的是,外资风险投资公司正在大量收购我国成长性的创新企业股权,长此以往,我国产业技术空心化将是一个严重的问题。因此,金融孵化和培育新产业的功能问题亟待解决。

4.3.2 金融开放与产业国际化

经过20多年的改革开放,中国产业国际化现象凸显:表4-3显示中国外贸依存度的大幅度提高(尽管对计算方法有不同意见,但我国大进大出的格局已经形成)。同时,中国企业国际化也迈出步伐,至2006年进入全球500强的企业数量已达30个。

然而,我国金融开放水平与产业国际化不相匹配。在此,我们所谓的金融开放,既包括对外国金融机构的开放,也包括对国内金融机构的开放(国内金融市场准入制度和金融机构"走出去")。加入WTO后我国对外资金融机构全面开放引发金融竞争以及是否过度开放、金融开放的经济效应等问题的争论反映出金融开放与国家金融安全问题和产业稳定发展的问题;我国金融业较少涉足国外金融市场,虽然有银行、保险公司开展国际金融服务,但海外业务比重较小;QDII制度的推出使我国金融机构开始涉足海外证券投资,但规模较小;在国际资金流动方面,我国注重外资流入,较多限制资本流出,如表4-3所示。外国在中国的投资持续增长,这是因为:①中央和地方政府均实行鼓励外商投资政策;②1996年12月我国实行人民币经常项目自由兑换之后,除短期资金流动限制外,大部分资本项目已实现自由兑换;③中国经济体持续快速的发展为外商提供了投资机会;另外,面对中国资本市场股票的巨大的潜在供给压力,QFII只是外部需求者,而不是外部超级需求者[203]。

中国经济的迅速发展使人民币汇率问题上升为国际问题,美元特权地位以及美元在我国对外交往和外汇储备的地位也制约着人民币汇率,国家货币主权受到冲击,影响着产业政策的执行;金融创新、银行业混业经营以及资本充足率对我国的金融法律法规造成巨大冲击,如金融创新要求国际金融监管合作;银行业混业经营使我国银行业经营模式受到极大挑战；针对巴塞尔协定，我国已颁布了《商业银行资本充足率管理办法》；金融全球化带来了发达国家的金融交易的技术、经验以及经营理念、社会习俗等，无形中影响着我国社会信用环境和微观规制。

表 4-3　中国金融与产业国际化趋势

年份	进出口总额与 GDP 之比/%	中国实际利用外资额/亿美元	中国对外直接投资净额（非金融类）/亿美元
1985 年	22.8	47.6	
1986 年	25	76.28	
1987 年	25.7	84.52	
1988 年	25.6	102.26	
1989 年	24.9	100.6	
1990 年	29.8	102.89	
1991 年	33.2	115.54	
1992 年	33.9	192.03	
1993 年	31.9	389.6	1.2820
1994 年	42.3	432.13	0.9569
1995 年	38.7	481.33	1.4981
1996 年	33.9	548.05	3.0513
1997 年	34.1	644.08	3.3187
1998 年	31.8	585.57	2.6700
1999 年	33.3	526.59	6.1900
2000 年	39.6	593.56	
2001 年	38.5	496.72	
2002 年	42.7	550.11	
2003 年	51.9	561.4	28.5465
2004 年	59.8	640.72	54.9799
2005 年	63.6	638.05	122.6117
2006 年	66.9	735.26	1 763.397

资料来源：2007 年中国统计年鉴，并计算.

4.3.3　产业成长金融化与产业成长

进入 20 世纪 90 年代中后期，我国在多个产业已成为世界主要生产国和消费国，但突出的问题是，我国对相关商品缺少定价权，如我国是铁矿石的最大进口国，但价格却由外方决定；2007 年中国食用油大幅度上涨，获利者并不是中国生产企业，而是美国赚取丰厚利润；甚至人民币的期货价格也首先在国外推出。更为严重的是，我国需要进口的商品总是出现涨价，而我国生产的出口产品则总会出现价格下跌，这一特殊现象已反映出我国没有商品定价权。如前所述，在产业成长金融化条件下，商品定价权已在很大程度上由金融市场来决定。显然，我国金融市场的落后已使我国失去商品定价权，更不用说资产定价权，产业成长处于被动局面。

进入 21 世纪以来，中国的产业成长面临的外部压力越来越大，尤为突出的是人民币汇率问题。美国国会下属的“美中经济与安全评估委员会”在 2010 年 11 月 17 日发布的年度报告中指责中国“操纵汇率”，并指称正是因为中国“排斥性”的贸易政策，才导致中美贸易出现巨大不平衡。该委员会敦促美国国会应对此“回应”，称奥巴马政府应采取“更加强硬的行动”。紧接着，伯南克 2010 年 11 月 19 日发言称，新兴市场的通胀压力和汇率问题引发的矛盾是因中国等新兴市场压低本币汇率所造成，希望联邦政府出台更多刺激措施。伯南克的演讲稿中还写道，考虑经济增速减缓、通货膨胀率降低、失业率居高不下等因素，美联储决定实行量化宽松政策，即美联储打算 2011 年 6 月底前购买 6000 亿美元美国长期国债，同时把基准利率维持在 0 至 0.25% 的区间。

显然，美国是借人民币汇率问题压制中国的产业成长。中国经济发展的三驾马车之一即是对外贸易，若人民币大幅升值（事实上美元兑人民币的比价从 2005 年汇改的 1:7.8 至 2010 年 12 月 3 日上升至 1:6.66），从长期来看，中国的出口必然受到制约，从而约束着中国的产业成长。

另一方面，美国的量化宽松货币政策对中国的影响将是多方面的。一是中国的海外资产大幅缩水。中国巨额的外汇储备中大部分以美元资产形式存在，美元的贬值使中国的资产遭受巨大损失，而美国却将印钞票的过错归因于中国，美元特权的优势再次得到体现。二是面临继发性通货膨胀。至 2011 年 6 月底前 6 000 亿美元的增发，必然导致美国的国内通胀，从而引发输出型通胀，进一步增加中国国内的通胀压力。第三，中国的进出口面临新的挑战。美元的贬值既为中国的进出口结构调整带来机遇，也使中国的产业成长面临更严峻的国际环境。

可见,产业成长金融化要求我国的金融成长为产业成长提供良好的外部环境。我国已拥有较为完善的金融体系,但无论是金融市场还是银行均没有明显的竞争优势,人民币未能国际化使得人民币汇率问题成为中国产业成长的重要制约因素。因此,增强金融市场竞争力,培育富有竞争性的银行组织,实现人民币国际化成为中国金融成长的重要课题。

4.4　小结

1. 金融成长目标服从于产业成长

新中国以来由于政治经济需要,我国建立了高度的计划经济,实行产业优先发展。因此,我国建立了单一的金融体系,在全国范围内统一调度信贷资金和调节、控制货币,保证国家产业政策的实施。金融约束保证了产业成长。正如理论分析所指出,长期的金融约束阻碍了货币政策的传导机制,腐败行为滋生,资金使用效率的低下等制约着产业竞争力的提升。因此,在市场倒逼机制下,我国逐步建立社会主义市场经济体制。体制改革导致经济利益主体多元化,劳动和资源密集型产业的迅速成长以及国企改革所需资金支持已不能由国有银行单独承担,银行结构出现多元化;证券市场适应需求自发产生,然后由政府加以规范,确保转轨经济的金融支持;蓬勃兴起的集体经济和私营经济则更多依靠民营金融或民间资本。金融结构的二元化内生于产业成长的需求,同时促进了我国产业的快速成长,而金融业本身也成长为我国经济体的重要组成部分。因此,由金融约束到金融深化,我国均实行的是金融发展目标服从于产业成长的战略,保证了国民经济的长期发展。

2. 金融成长的外部环境问题凸显

首先,政府干预金融成长现象突出。内生于产业成长的金融业,在政府的干预中居民投资以银行储蓄为主、证券市场的所有制歧视、“政策市”、企业债的准国债性质等,使得产业成长的筹资和投资渠道不畅,从而制约着金融资本和产业资本的有机融合,金融加速器的作用受到限制;金融产权的不明晰仍制约着金融交易，进而制约着产业成长。尽管多年的改革已使我国构建了完整的金融体系，而且政府的直接干预也逐渐退出，但政府对金融业的隐性干预仍在相当大程度上制约着金融产权的市场化交易。

其次，在产业成长金融化背景下，我国产业的迅速成长由于缺少金融业的有力支持而失去在国际市场的发言权：我国在多个产业已成为世界主要生产国和消费国，但由于传统交易方式和美国高度发达的金融市场，我国在进口和出口环节均没有商品定价权；事实上的美元本位币的国际货币体系使人民币在很大程度上制约于美元币值的稳定，而中国巨额的美元储备又迫使人民币主动保持美元币值稳定，国家货币主权受到冲击；金融市场的落后导致资产定价权的缺失，自然制约了产业成长；政府积极鼓励的产业技术创新，由于金融市场的不完善而使新型技术产业走向市场缺少金融资本的孵化和培育。因此，面对产业成长金融化，我国应调整发展战略，实行金融优先发展，保证和加快产业成长。

第5章 中国金融与产业成长关系
——实证分析及中外比较

历史规律的总结和逻辑推理需要实证检验。本章量化分析中国金融与产业的成长特性、互动关系和匹配关系;进行中外比较,找出中国金融成长的优势和劣势;基于中国与当代各国社会和经济结构的现实,探索政府行为在金融与产业成长中的边界。

5.1 中国金融与产业成长关系检验

5.1.1 指标设计及变量计算

1. 金融成长指标设计

金融成长是指在一定的政治制度、经济制度和发展环境约束下,以产业成长为基础,服务于产业成长,金融业同时实现自身量的扩张和质的提高的统一,最终实现金融业的竞争优势,以保证和加快产业成长。因此,选取如下指标反映金融成长。

(1)金融成长规模指标。

①金融相关率。Goldsmith[204]用FIR(金融资产数/GDP)来度量金融发展程度,主要反映一国金融上层结构与经济基础在规模上的变化关系,金融资产数=银行存贷款总额+资本市场总额;但Rajan和Zingales[205]认为股市资本化不能反映筹资者实际所获得资金,它反映剩余收入、投资者对公司业绩增长的预

期和实际资产创造;Svalery 和 Vlachos[206]认为股市规模和股市交易能力均存在预期因素,也不能反映企业或产业实际所获得资金。因此,该指标应选取:银行存贷款总额/GDP。本书认为,资本市场毕竟为产业提供了筹资渠道和一定的资金来源,而且市场规模越大,分散风险的能力越强;中国处于金融成长时期,资本市场在产业成长中具有重要作用,因此本书选取金融相关率指标为

$$fir = (\text{银行存贷款总额} + \text{资本市场总额}) / GDP$$

$$\text{资本市场总额} = \text{股票筹资额} + \text{企业债券}$$

②金融业增加值增长率。金融业作为一个特殊的产业,通过储蓄向投资的转化为经济发展提供资本投入;通过金融机构的经营运作实现全社会合理的资源配置;通过金融业的自身产值增长直接为经济增长做贡献[207]。金融业一直都在创造经济增加值,从而对经济增长起着一种"直接"的推动作用,表现在金融产业的增加值和金融业的就业贡献上。然而,当经济发展进入一定阶段后(美国人均在 20 000 美元左右时),金融服务部门发展对经济增长具有的促进作用体现在金融服务作为一种中间投入对其他部门的促进作用,而不是金融服务业本身以创造增加值方式所起的作用;而且发展金融服务业来增加就业是行不通的,表明了金融服务业相对较高的进入门槛和对人力资本的较高要求[208]。但由于我国正处于金融业成长时期,比例应保持上升(2004 年比例下降是由于统计制度调整),比例稳定即进入成熟期。因此,本书仍采用金融业增加值增长率来衡量中国金融业的规模成长,即

$$fav(\text{金融业增加值增长率}) = \frac{AV_t - AV_{t-1}}{AV_{t-1}}$$

式中,AV 为金融业增加值。

(2)金融成长效率指标。

①金融效率。金融发展理论认为,非国有经济部门的资金运用效率要高于国有经济部门,将更多的银行信贷配给非国有经济部门表明银行金融资源更加有效配置。我国的非国有经济部门包括城镇集体企业、个体、三资企业;股票市场也是金融资产的重要组成部分,同样具有资源配置的功能。因此可以得到金融业的整体效率指标为

fe =（银行对非国有经济部门贷款 + 股票市场筹资额）/金融资产数

②金融脆弱性。金融体系的脆弱性是一国金融体系运行过程中由于道德风险、逆向选择而产生的一种内生经济现象。对于非本位货币国家而言，拥有的外汇储备越多，可以越有效地预防外来冲击，因此设定指标为

ff（金融脆弱性）= 外汇储备/GDP

（3）金融成长指标设计。

金融业的效率提高与规模成长相伴随，并不能截然分开，本书所谓的金融成长即是规模和效率的统一。反映金融成长，可综合金融成长的规模指标和效率指标，直接从协方差求解主成分（由于取值范围在同量级的数据），生成金融成长指标，计算出每年的金融成长得分。

根据各年的统计数据计算得出金融相关率、增加值增长率、金融效率、金融脆弱性四个指标，利用 SPSS 进行主成分分析。各因素的提取率都达到 0.911 以上，说明可以以 SPSS 来分析。计算结果显示，第一主成分包含总信息量的 54.741%，第二主成分包含总信息量的 38.597%，前二个主成分累计贡献率达 93.337%，所以通过前二个主成分来推断总体的信息。因此，可以得到两个主成分线性方程为

$$FM_1 = 0.986fir - 0.706fav - 0.067fe + 0.846ff \qquad (5-1)$$

$$FM_2 = -0.010fir + 0.644fav - 0.952fe + 0.473ff \qquad (5-2)$$

第一主成分 fir、fav、ff 均占有较大系数，它刻画了金融成长中金融相关率占据主导地位，金融脆弱性影响着金融业的稳定扩张；而金融业增加值和金融效率却是副作用，表明在金融成长初期主要是量的扩张。第二个主成分 fav、ff 占有较大系数，刻画了金融成长进入下一阶段后产值的创造和效率的重要性。因此，可得金融成长的综合指标

$$FM = 0.54741FM_1 + 0.38597FM_2 \qquad (5-3)$$

计算各年度的金融成长得分，结果见表 5-1。可以看出，综合得分保持上升趋势，由 1992 年的 0.78 上升到 2006 年的 1.43，几乎成长了 2 倍。中国金融成长呈现出良好的上升态势。

表 5-1 中国金融成长综合得分

年份	1992	1993	1994	1995	1996	1997	1998
金融成长	0.781 42	0.714 423	0.844 115	0.882 635	0.956 19	1.050 506	1.150 167
1999	2000	2001	2002	2003	2004	2005	2006
1.290 045	1.261 104	1.298 27	1.343 39	1.448 576	1.412 854	1.409 621	1.432 431

2. 产业成长指标设计

产业成长同样包括规模扩大和效率提高，因此选取以下指标反映产业成长。

(1)产业成长规模指标。

产业增加值占比变化率(反映产业创造价值的能力)为

$$VARi = \frac{VAi,t - VAi,t-1}{VAi,t-1}$$

式中，$VARi$ 表示 i 产业 t 年产值增加值增长率。

产业资产占比增长率(反应产业成长特性)为

$$GRAi = \frac{GRAi,t - GRAi,t-1}{GRAi,t-1}$$

式中，$GRAi$ 表示 i 产业 t 年资产占比增长率。

产业就业比重为

$$ERi = \frac{Ei}{E}$$

式中，E 为工业企业总就业人数。

产业投资比重(产业基本建设新增固定资产的扩大反映产业规模的扩大)为

$IRi,t = t$ 年 i 产业基本建设新增固定资产/t 年全社会基本建设新增固定资产

以企业规模反映的产业成长为

$$LnSi = i \text{ 产业增加值/产业总资产}$$

(2)产业成长效率指标。

产业竞争力(生产链和价值链的结合，是一国经济发展的发动机)为

$ICi = i$ 产业产值增加值/制造业总增加值

式中,i产业国内市场竞争力。

单位资本产出(衡量产业生产效率的近似指标)为

$OPCi = i$ 产业产出值/i 产业总资本投入

(3)产业成长指标设计。综合产业规模指标和效率指标,计算方法同金融成长计算方法,利用主成分分析法生成各产业成长综合得分(附录1),并对1992~2006年各产业成长的综合得分,简单平均得到各产业的平均成长特性(表5-2)以及整个产业的年度平均成长得分(表5-3)。

表5-2 各产业平均成长得分(1992~2006年)

产业编号	平均成长得分	产业编号	平均成长得分
1	0.380369	19	0.429403
2	0.526329	20	0.23
3	0.513403	21	0.500175
4	0.498756	22	0.635866
5	0.36346	23	0.509325
6	0.183155	24	0.341837
7	0.457128	25	0.517326
8	0.518274	26	0.530074
9	-0.56096	27	0.71868
10	0.404784	28	0.528961
11	0.655887	29	0.467889
12	0.88252	30	-0.22802
13	0.306025	31	0.61627
14	0.645182	32	0.813092
15	0.478875	33	0.55604
16	-0.39879	34	-0.04988
17	0.857228	35	0.143779
18	0.692717	36	0.133716
全部产业			0.426520 4

注:编号顺序按照2006年中国统计年鉴,具体产业名称参看产业成长特性分析。

表 5-3 中国产业成长年度综合得分

年份	1992	1993	1994	1995	1996	1997	1998
产业成长	0.017 350 1	0.035 171	0.439 061 2	0.393 804 1	0.397 341 2	0.416 422 2	0.401 937 7
1999	2000	2001	2002	2003	2004	2005	2006
0.403 828 8	0.461 515 2	0.429 320 1	0.464 825 7	0.522 548 6	0.678 647 1	0.645 855 2	0.690 178 2

数据说明:数据均来自于各年中国统计年鉴,其中 1992 ~ 1997 年为独立核算工业企业经济指标;1998 ~2006 年为全部国有及规模以上非国有工业企业经济指标。由于独立核算工业企业和全部国有及规模以上非国有工业企业均代表了产业成长的主要组成部分,为保持可比性,均采取占总指标的比重来表示相关经济指标。由于统计口径的变化,2004 ~ 2006 年基本建设新增固定资产调整为城镇基本建设新增固定资产,同样采取占比的指标比较。另外,由于数据的连续性以及金融系统在 1992 年以前仅为银行信贷,1992 年我国开始实行社会主义市场经济,因此,本书考察 1992 年以后的金融与产业成长的关系。

根据表 5-2 产业平均成长指数,我们将产业的成长特性分为:

(1)高成长产业(0.8 以上)。12:皮革、皮毛、羽毛(绒)及其制品业(0.88252),17:文教体育用品制造业(0.857 228),32:通信设备、计算机及其他电子设备制造业(0.813 092)。

皮革、皮毛、羽毛(绒)及其制品业、文教体育用品制造业属于劳动密集型产业,在中国具有相对优势,而且随着产业深加工、品牌战略、国际市场营销等也使该产业竞争力提升,从而产业更具成长性;通信设备、计算机及其他电子设备制造业属于新兴产业,在中国旺盛的需求刺激下,产业成长特性独树一帜。

(2)较高成长产业(0.6 ~ 0.8)。11:纺织服装、鞋帽制造业(0.655 887),14:家具制造业(0.645 182),18:石油加工、炼焦及核燃料加工业(0.692 717),22:橡胶制品业(0.635 866),27:金属制品业(0.718 68),31:电气机械及器材制造业(0.616 27)。这些产业属于劳动密集型产业(技术改造)和原材料、基础设施等产业,这与国家产业政策相一致。

(3)一般成长产业(0.4 ~0.6)。2:石油和天然气开采业(0.526 329),3:黑色金属矿采选业(0.513 403),4:有色金属矿采选业(0.498 756),7:食品制造业(0.457 128),8:饮料制造业(0.518 274),10:纺织业(0.404784),15:造纸及纸制品业(0.478875),19:化学原料及化学制品制造业 (0.429 403),21:化学纤维制造业（0.500 175），23：塑料制品业（0.509 325），25：黑色金属冶炼及压延加工业（0.517 326），26：有色金属冶炼及压延加工业（0.530 074），28：通用设备制造业(0.528 961)，29：专用设备制造业(0.467 889)，33：仪器仪表及文化、办公用机械制造业（0.556 04）。

(4)较低成长产业(0.2～0.4)：1：煤炭开采和洗选业(0.380 369)，5：非金属矿采选业(0.363 46)，13：木材加工及木、竹、藤、棕、草制品业(0.306 025)，20：医药制造业(0.23)，24：非金属矿物质制品业(0.341 837)。需提及的是医药制造业处于较低成长水平，可能是由于其竞争力较弱的原因。

(5)低成长产业(0～0.2)。6：农副食品加工业(0.183 155)，35：燃气生产和供应业(0.143 779)，36：水的生产和供应业(0.133 716)。农副食品加工业由于其生产的小规模和分散性而成长较差，另外两个产业则属于垄断性产业。

(6)负成长产业(0以下)。9：烟草制品业(－0.560 96)，16：印刷业和记录媒介的复制(－0.398 79)，30：交通运输设备制造业(－0.228 02)，34：电力、热力的生产和供应业(－0.049 88)。烟草制品业、印刷业和记录媒介的复制可能与产业供过于求有关；而交通运输设备制造业可能是由于技术进步缓慢、国际竞争力较弱有关；电力、热力的生产和供应业则属于垄断产业。

由于我们是综合各项指标利用主成分分析法综合计算产业成长得分，因此与单纯分析资产贡献率、资本配置效率等分析有一些出入(如文献[39]，[209]，[160]、蔡红艳和阎庆民[210]等的资本配置效率分析)。另外，表5－3显示，从全部产业的成长特性来看，尽管1992～2006年全部产业的平均成长得分为0.426 520 4，但分年度看每年在增长，反映我国良好的产业成长特性。

5.1.2　金融成长与产业成长关系检验

1. 金融成长与产业成长相互关系

借鉴Rajan和Zingales的实证方法，分别建立产业成长和金融成长模型，即

$$IMi = a_0 + a_1 \times ip_{t-1} + a_2 \times ic + a_3(i\text{产业外部融资依赖} \times fm_{t-1}) + \alpha \quad (5-4)$$

式中，$i = 1 \sim 36$，分别对应表5－2中的产业；ip 表示投资机会，以产业基本建设新增固定资产占比增长率表示，滞后一期；ic 表示产业竞争力，$ic = i$ 产业增加

值/制造业总增加值;考虑产业外部融资依赖度(附录2)是因为实证表明不同产业依赖程度不同,即金融成长对产业成长的影响是不同的[211];α 为随机项。

$$FM = b_0 + b_1 \times if_{t-1} + b_2 \times fc + b_3 \times IM_{i,t-1} + \beta \quad (5-5)$$

式中,if 表示金融业投资机会,以投资增长率滞后一期计算;fc 表示金融业竞争力;fc = 金融业增加值占第三产业比重;β 为随机项。

方程(5-4)和(5-5)建立联立方程,使用2阶段最小二乘法,运用Eviews5.0软件,结果见表5-4。

表5-4　金融成长与产业成长相互作用系数(1993~2006年)

产业编号	产业自发成长	金融成长对产业成长的作用系数	模型拟合优度 R^2	金融自发成长	产业成长对金融成长的作用系数	模型拟合优度 R^2
1	-0.572976	0.328332	0.670609	1.957651	0.350224	0.961219
2	-0.126702	0.674168	0.585187	1.938657	0.239121	0.945174
3	-0.503558	0.563285	0.799717	1.9331132	0.183925	0.940038
4	-0.978604	0.702844	0.765135	2.002184	0.182099	0.940146
5	-1.088948	0.820011	0.651711	2.087705	0.262305	0.943182
6	-1.043327	-0.938423	0.264668	2.142837	0.017754	0.954291
7	0.493992	4.857687	0.548489	1.904024	0.276791	0.947868
8	0.428150	2.082373	0.548780	2.032870	0.245446	0.961915
9	-0.239702	0.969609	0.415489	1.849965	-0.303901	0.967402
10	1.286655	-0.913424	0.115196	2.180447	0.139512	0.932323
11	0.288066	24.80041	0.324284	2.100553	0.083750	0.928300
12	-1.316285	-7.901786	0.688695	1.769166	0.195658	0.955604
13	-0.974453	0.976783	0.664108	2.202884	0.098393	0.919067
14	-0.508538	2.289892	0.548791	1.846288	0.221047	0.953445
15	-0.430365	-3.564643	0.157684	2.248981	0.057320	0.928010
16	-1.009757	1.961493	0.489151	1.961494	-0.242934	0.945664
17	-0.316797	6.153957	0.632602	1.874417	0.154918	0.632602
18	0.737413	0.858721	0.013640	2.210827	0.064518	0.938154
19	-0.597001	1.458627	0.505018	2.206775	0.071767	0.922233
20	0.032409	0.291946	0.139911	2.239595	0.036948	0.917530

表5-4　续表

产业编号	产业自发成长	金融成长对产业成长的作用系数	模型拟合优度 R^2	金融自发成长	产业成长对金融成长的作用系数	模型拟合优度 R^2
21	-0.120358	2.872458	0.527880	1.962625	0.211724	0.940417
22	1.273577	0.404513	0.618871	1.872913	0.226090	0.957236
23	0.245558	2.018491	0.281556	2.020684	0.209071	0.945416
24	-0.459403	9.019926	0.039310	2.248441	0.041654	0.918176
25	-0.614307	7.595522	0.735805	1.744109	0.294522	0.949193
26	-0.587513	15.52396	0.668693	2.081557	0.113263	0.928160
27	1.274673	2.160953	0.596309	1.750716	0.261796	0.966531
28	0.432309	0.202951	0.420427	1.966760	0.231659	0.952114
29	-1.479944	0.880248	0.766459	2.104840	0.040098	0.954223
30	-0.577121	-0.775895	0.306111	2.219977	-0.083188	0.920057
31	-0.079527	0.722543	0.741177	1.826608	0.256751	0.953702
32	-1.127060	2.944564	0.820866	1.704542	0.235220	0.958828
33	-1.374909	0.643933	0.486236	2.158340	0.051618	0.920895
34	-0.093397	-0.525301	0.787936	2.069097	-0.405835	0.932061
35	0.995666	-3.7888837	0.783317	2.129482	0.019703	0.954219
36	0.020530	-0.092017	0.315221	2.312348	0.466269	0.953395
平均	-0.25799	2.118884		2.023985	0.300338	

表5-4显示，产业7、8、10、18、20、22、23、27、28、35、36具有正的自发成长特性，这些产业涉及生活必需和基础设施建设；具有负自发成长特性的其他产业是在政府干预下得以成长。金融对产业成长的促进作用平均为2.118 884，说明我国产业成长处于工业化时期，金融成长对产业成长具有积极的促进作用；但产业6、10、11、15、18、20、23、24、30、36模型拟合优度较差，这是由于这些产业属于结构调整范围或属于投资额巨大、回收周期长的产业，均属于国家宏观调控管理层，模型所选定变量的解释力较弱。

金融业具有较强的自发成长特性（平均为2.023 985），产业成长内在地要求金融成长，而产业成长对金融成长的促进作用平均为0.300338，表明中国金融成长更多是在政府干预下成长。

2. 金融对产业成长的加速器作用

产融结合能够使金融对产业成长起到加速器作用，因此可以建立方程为

$$IM_i = c_0 + c_1 \times \tau \times (i\ \text{产业外部融资依赖度} \times FM) + \gamma$$

式中，τ 为 i 产业产融结合度

但由于无法获取产融结合度的相关数据，因此，我们单纯考虑金融和整个产业成长的相互作用关系，并考虑金融成长与产业成长相互作用滞后 1 期和 2 期，建立方程式为

$$IM = c_0 + c_1 \times FM + c_2 \times FM(-1) + c_3 \times FM(-2) + \gamma \tag{5-6}$$

$$FM = d_0 + d_1 \times IM + d_2 \times IM(-1) + d_3 \times IM(-2) + \delta \tag{5-7}$$

式中，c_0 为产业的自发成长特性；c_1、c_2、c_3 为金融对产业在不同时期的加速器作用；d_0 为金融业自发成长特性；d_1、d_2、d_3 为产业成长对金融成长的促进作用；γ、δ 为随机项。各变量之间具有很强的相关性，因此建立联立方程，运用 2 阶段最小二乘法，结果为

$$IM = 0.254\,404 - 0.604\,00FM + 0.345\,703FM(-1) + 0.510\,067FM(-2) + \gamma$$

$$(1.732\,365)\ (-1.291\,789)\ (0.735\,317)\ (1.572\,278)$$

$$(R^2 = 0.673\,735, DW = 0.860\,150, S.E = 0.073\,029)$$

$$FM = 0.604\,213 + 0.580\,485IM + 0.168\,292IM(-1) + 0.648\,819IM(-2) + \delta$$

$$(3.477\,051)\ (1.279\,091)\ (0.411\,413)\ (1.962\,981)$$

$$(R^2 = 0.717\,530, DW = 0.783\,439, S.E. = 0.132\,133)$$

括号中数据为 t 统计值，模型显示较好的拟合优度。从结果来看，产业自发成长系数为 0.25，与公式（5－4）结果相反，但差距较小，说明我国产业成长政府干预占有较大比重，金融成长对产业成长的加速器作用在当期为负，金融成长作为中间投入品的特征开始显现，金融业成长同样需要占用资源从而意味着对实体产业资源的占用，但金融成长滞后 1 期和 2 期均对产业成长具有较大的加速器作用。这一特征也表明金融成长在不同阶段对产业成长的作用程度不同；金融成长具有较强的自发成长特性（0.6），与公式（5－5）计算结果相近，产业成长对金融成长的促进作用均为正值，表明产业成长内在地要求金融成长。

3. 金融成长与产业成长匹配关系

金融成长与产业成长的匹配关系要求金融成长满足产业成长所需，促进产业成长，具体表现在金融资本对产业资本的追逐，即金融收益与产业收益应保持合理的比例。根据数据的可得性，本书设计了资本配置平衡指数——产业利润应与产业新增固定资产保持对称关系，反映金融成长与产业成长是否具有匹配关系。同时，本书设计了匹配关系偏离度指标——产业基本建设新增固定资产与产业增加值关系，反映金融资本和产业资本价值创造能力的差异，从而反映二者关系偏离程度，并对两个指标对比，检验指标的可行性。

(1)资本配置平衡指数（i 产业利润占比应与新增资本比例相匹配）。

Mi（资本配置平衡指数）利润占比 = i 产业基本建设新增固定资产占比（计算结果见附录3）。

式中，$Mi > 1$，金融资源浪费；$Mi < 1$，金融资源收益大；$Mi = 1$，资本配置平衡。

图5-1显示，个别产业存在资本配置严重不平衡，其中投资远远大于其利润的产业包括：1992年的烟草制品业、1997年的有色金属冶炼及压延加工业、2000年的煤炭开采和洗选业、2003年的水的生产和供应业；投资远小于其利润的产业包括：1997年的农副食品加工业、2002年的燃气生产和供应业、2005年的水的生产和供应业。从整体来看，产业基本建设新增固定资产与其利润配置基本保持稳定，但绝大部分产业平衡指数小于1，说明金融资源收益大，即金融业收益大于产业收益。这可能是由于金融业严格的准入制度和长期的产业投资热潮所致。

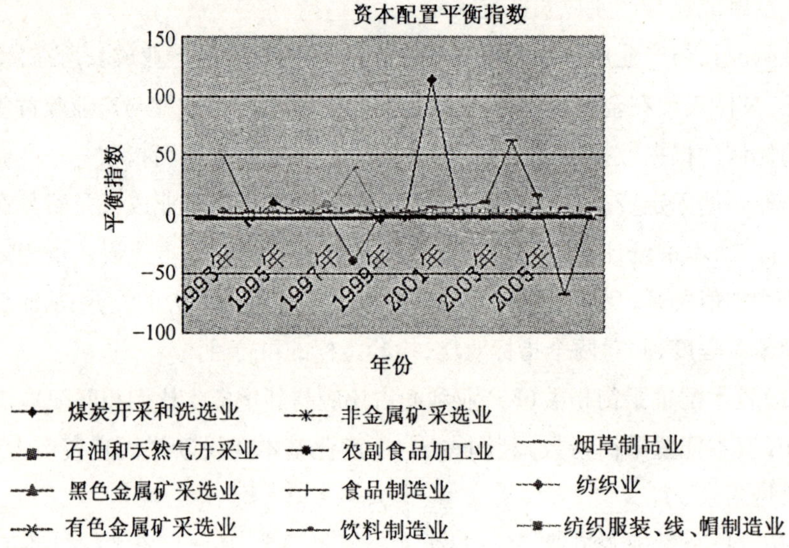

图5-1 资本配置平衡指数

(2)匹配关系偏离度。

匹配关系偏离度=产业基本建设新增固定资产占比增长率-产业增加值占总增加值比重

此式反映某一产业资本投入与产业价值创造能力的差异,即金融资本和产业资本价值创造能力的差异。计算结果见附录4。

图5-2显示电力、热力的生产和供应业至2005年前严重偏离,新增固定资产占比增长率远远大于增加值比重;燃气生产和供应业、水的生产和供应业偏离度大于0,表明这三个行业投资增长率大于其产业贡献率。这是因为这三个行业属于基础设施建设,制约着其他产业的成长,因此对其的投资持续增长。从整体来看,产业的偏离度均小于0,表明投资落后于其成长,即金融成长制约着产业成长。这与资本配置平衡指数的结果一致,表明中国的金融成长仍滞后于产业成长。

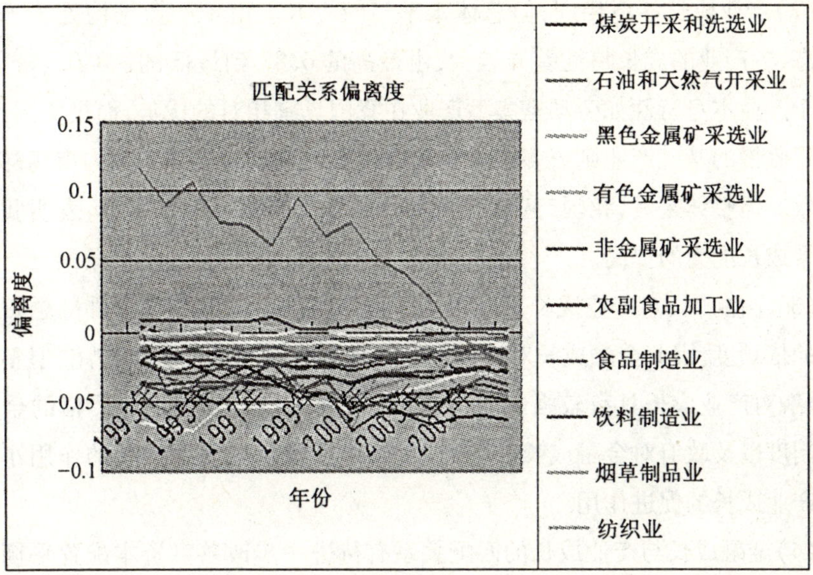

图5-2 匹配关系偏离度

(3)指标评价。从资本配置平衡指数和匹配关系偏离度我们可以看出,两个指标的结论一致:金融成长滞后于产业成长,这可能是由于我国的金融准入制度以及金融市场的落后所致;平衡指数和偏离度反映了我国金融缺口和产业缺口的搜寻和匹配关系运行机制有待进一步改善,也反映了产融结合的发展空间巨大。因此,本书设计的这两个指标可以反映我国金融与产业成长的匹配关系。

5.1.3 小结

反映金融与产业成长的指标包括规模和效率两方面,本书将反映金融与产业成长规模和效率指标结合,利用主成分分析法创造出新指标,并计算出金融成长与产业成长的综合得分,反映出金融和产业的成长特性。

(1)金融成长具有良好的上升态势。金融成长综合得分由1992年的0.78142稳步上升到2006年的1.432431,几乎成长了2倍,反映了我国金融业自1992年社会主义市场经济确立以来,金融资产规模不断扩大,金融业增加值创造能力提升。金融市场的开放增加了资产规模,促进了金融效率提高,外汇储备的持续增加降低了我国金融体系的脆弱性。

(2)产业成长各不相同,但总体水平不断提升。由于产业结构处于不断调整状态,各产业的成长特性差异较大,由最高的0.88到最低的-0.05。这可能是由于产业本身特性如劳动密集型产业在我国具有相对的优势,而投资周期长、收益回收慢的基础产业则更多依赖于政府投资;也可能是国际、国内市场需求变化所致。但整体来看,我国产业成长呈现稳步上升趋势(表5-3),表明我国产业综合成长能力的提高。

(3)金融成长与产业成长具有相互促进作用。不同的产业对外部融资具有不同的依赖度,因此金融成长对不同的产业成长具有不同的促进作用,但整体来看,金融对产业成长具有较强的促进作用(2.11888)。我国由于严格的金融业准入制度以及政府对金融成长的隐性干预,产业成长对金融成长的作用小于金融对产业成长的促进作用。

(4)金融成长与产业成长的匹配关系有待进一步改善。资本配置平衡指数和匹配关系偏离度均反映了我国金融资本与产业资本匹配关系有待进一步改善。这就需要发达的金融市场实现资源的优化配置。

5.2 中外金融与产业成长路径差异化的比较

由于数据的可获得性以及可比性,本节对中国、日本和美国金融与产业成长关系进行相对指标比较,找出中国金融成长的优势和劣势。

5.2.1 金融成长比较

1. 金融相关率比较

金融相关率度量一国金融发展程度,主要反映一国金融上层结构与经济基础在规模上的变化关系[212]。表5-5显示,中国的金融相关率自20世纪80年代起快速提升,至1998年时已升至2.16,在短短的不到二十年的时间里达到美国和日本四五十年甚至更长时间才实现的水平。正如4.2节中所分析的,政府积极干预金融是其快速成长的重要原因。但与日本和美国相比,我国2006年的水平与美国20世纪90年代和日本20世纪80年代水平接近,反映了我国金融业的整体落后；日本的金融相关率高于美国并且提高的速度快于美国，显然是在政府推动下迅速成长起来。20世纪80年代日本政府推动的金融自由化改革导致金融市场迅速膨胀，政府积极推行的日元国际化也使金融资产快速扩张，日本的金融相关率快速上升；美国的金融相关率稳定上升，至1990年达到2.045，金融相关率的不断提高体现了美国金融资本主义的特征。美国虽然拥有世界上最发达的金融市场，但金融相关率并不是很高是值得我们关注的。

2. 货币化程度比较

经济货币化是指一国国民经济中用货币购买的商品和劳务占其全部产出的比重以及非货币经济（包括自给自足的自然经济、物物交换经济和产品分配的计划经济）向货币经济转化的经济过程[213]。表5－6为三国货币化程度数据。

表5－5　金融资产与GDP比率

年份	美国	日本	中国
1965	1.388	1.447	0.66
1970	1.494	1.504	0.77
1975	1.521	1.855	0.81
1980	1.560	2.108	0.90
1985	1.819	2.626	1.13
1990	2.045	2.907	1.44
1991	2.279	3.147	1.51
1992	2.184	3.215	1.50
1993	2.255	3.276	1.41
1997			1.99
1998			2.16
2000			2.37
2005			2.62
2006			2.66

资料来源：(1)美国和日本数据转引：王广谦．经济发展中金融的贡献与效率[M]．北京：中国人民大学出版社，1997；插表1.(2)中国数据：《中国统计年鉴》.2007.《新中国五十年统计资料汇编》.1999. 计算方法参见5.1.1.

注：计算方法参见本书5.1.1节。美国、日本数据来自文献[157]。中国数据来自文献[210]及2007年中国统计年鉴。

表5-6 货币化程度

年份	美国	日本	中国
1946	0.74		
1950	0.60		
1955	0.66		
1960	0.59		
1965	0.60	0.78	
1970	0.60	0.74	
1975	0.62	0.85	
1978	0.59	0.88	0.24
1980	0.57	0.87	0.37
1985	0.59	0.95	0.54
1990	0.56	1.13	0.82
1991	0.56	1.09	0.89
1992	0.54	1.06	0.94
1993	0.52	1.08	0.99
1994	0.50	1.10	0.97
1995	0.49	1.11	1.0
1996	0.49	1.11	1.07
1997	0.49	1.12	1.15
1998	0.50	1.19	1.24
1999	0.50	1.25	1.34
2000	0.50	1.25	1.36
2001	0.54	–	1.44
2002	0.55	1.35	1.54
2003	0.55	1.38	1.63
2004	0.55	1.38	1.59
2005	0.54	2.09	1.62
2006		2.05	1.64

数据来源:(1)美国数据为自:严维石. 美联储信息优势及其对货币政策目标的影响[M]. 上海:复旦大学出版社,2008:220-228. 并计算.(2)日本数据来自:王广谦. 经济发展中金融的贡献与效率[M]. 北京:中国人民大学出版社,1997:217(附表2);刘昌黎. 现代日本经济概论[M]. 大连:东北财经大学出版社,2008:393(附表1);《国际统计年鉴》.2007年. 并计算.(3)中国数据来自:《中国统计年鉴》.2007年. 并计算.

注:美国数据为自文献[211:220~228]。日本数据来自文献[157:217],[202:393]及2007年国际统计年鉴。中国数据来自2007年中国统计年鉴。

美国在1946年的货币化程度为0.74,此后的货币化程度随着国内经济发展而不断变化,但我们可以观察到,总体来看,货币化程度一般在0.4~0.7左右。这一现象反映了美国发达的资本市场和稳定的货币政策以及较高的金融效率。日本在20世纪60年代实现赶超欧美目标,货币化程度稳定在0.7~0.9之间。至1987年达到1.06,此后稳定在1.1左右。这一时期日本经济由于"广场协议"而陷入困境;1999年才开始上升,至2005年超过2。日本政府刺激产业成长的金融政策促进了货币化程度的提升。中国在1978年时货币化程度只有0.24,处于极度落后状态。但我们可以观察到此后货币化程度快速上升。对此现象,张杰[214]指出:中国的货币化过程存在着与其他国家迥异的金融制度基础,其核心是政府部门对银行体系的有效控制和居民部门对银行体系的高度依赖。这意味着,中国经济改革背景之下政府部门、银行体系与居民部门三者之间存在着十分特殊的"互补"关系,从而形成中国的"高货币化之谜"。刘士余和王辰华[215]认为中国货币化水平畸高的一个重要原因就是中国经济在货币化进程中出现了严重的货币浅化现象。从制度层面来看,货币浅化是我国金融体制改革内在逻辑的集中体现。从经济层面来看,信用基础薄弱、个人结算体系发展滞后、规模巨大的地下经济则是我国发生货币浅化现象的根本诱因。

5.2.2　金融成长对产业成长的贡献比较

1. 金融业贡献比较

表5-7显示美国金融业占GDP的比重以及对GDP的贡献率基本保持稳定,表明美国金融业已处于成熟期,其比重及贡献率均超过日本,美国的金融业对产业成长具有很强的促进作用;日本自1990年金融业贡献率为负,表明政府对金融业的干预陷入困境、广场协议的影响加重以及金融市场的不完善。我国金融业占GDP比从20世纪80年代到20世纪90年代保持快速上升,金融和产业处于成长时期;进入21世纪,比重开始下降,表明我国金融业开始由规模发展转向效率提升;但我国金融业的贡献率明显偏低,反映我国金融成长对产业成长的加速器作用受到一定的制约,金融效率应进一步提高。

表 5－7　金融业占 GDP 比重以及金融业贡献率 %

年份	金融业占 GDP 比重①			金融业贡献率②		
	美国	日本	中国③	美国	日本	中国
1980		3.87	1.65		0.21	0.02
1985		4.53	2.88	0.5 (1977～1998)	5.88	0.03
1986	6.3	5.06	3.47		23.4	0.08
1987	6.0	5.55	3.73		17.4	0.05
1988	5.9	5.87	3.89	0.5 (1977～1987)	11	0.05
1989	5.9	6.28	5.67		14.7	0.19
1990	6.4	5.94	5.45		－0.7	0.03
1991	6.6	5.74	4.84	0.5 (1987～1998)	0.42	0.01
1992	6.8	5.59	4.85		－9.1	0.05
1993	6.6	5.25	4.72	0.4 (1987～1992)	－107	0.04
1994	6.9	5.54	4.64		－50.4	0.04
1995	7.2		4.60			0.04
1996	7.8		4.51			0.04
1997	8.2		4.57	0.6 (1992～1999)		0.05
1998	8.2		4.38			0.02
1999			4.26			0.02
2000			4.12			0.03
2001			3.97			0.03
2002			3.83			0.02
2003			3.67			0.02
2004			3.37			0.02
2005			3.43			0.04
2006			3.60			0.05

资料来源：(1)赵日华，李志英．模式Ⅰ—美国、日本、韩国经济发展模式[M]．济南：山东人民出版社，2006：156－157，292．(2)《中国统计年鉴》1990－2007．

金融业占比＝金融业增加值/GDP；金融业贡献率＝金融业增加值增长/GDP 增值。

注：①中国数据为金融增加值占 GDP 的比重；②金融业贡献率＝金融业增加值增长/GDP 增值；③金融业占比＝金融业增加值/GDP。

资料来源：文献[212：156，157，292]及 1990－2007 年中国统计年鉴。

2. 产业竞争力比较

(1)作为现代高科技竞争的焦点之一软件产业,反映一国产业未来竞争力以及金融成长对新兴产业的孵化和培育机制。表5-8反映了美国、日本和中国三国软件业占全球比重和软件产业增长率。美国软件业显然处于绝对优势,日本占比虽然较高,但与美国相比仍有很大差距,而中国则显示出软件业较差的基础;但中国的发展速度远远高于美国和日本,表明随着中国金融市场的发展,金融的孵化功能开始显现。美国增长速度趋于下降表明美国软件业的成熟和其他国家的崛起,而日本的发展速度较快但不平稳,金融的孵化功能仍是其瓶颈。

表5-8 美国、日本、中国软件业比较 %

项目	年份	美国	日本	中国
产业总额占全球比重	2000	40.2	9.6	1.2
	2001	42.0	10.6	1.5
	2002	40.2	10.2	1.9
	2003	39.7	10.5	2.6
产业总额增长速度	2001	8.8	15.5	34.3
	2002	7.1	7.8	38.1
	2003	6.1	10.3	48.3

资料来源:中华人民共和国商务部. 中国软件出口研究报告2005[R]. 北京:人民出版社,2005.

(2)一国国际贸易既反映了金融对产业成长的促进作用,也体现了一国产业竞争力。表5-9为三国贸易额分别占世界贸易的比例。美国占世界贸易额的比重保持在12%以上,居世界第一位;日本占比却呈下降趋势;中国占比持续上升,为出口导向产业服务的金融业起到了积极的促进作用。

表5-9 贸易额占世界贸易额比重 %

年份	1970	1975	1980	1985	1990	1995	2000	2001	2002	2003	2004	2005	2006
美国	13.3	12.3	11.8	14.5	13.1	13.5	15.5	15.1	14.4	13.1	12.5	12.4	12.1
日本	6.1	6.7	6.7	7.7	7.5	7.7	6.5	5.9	5.7	5.5	5.4	5.2	5.0
中国			0.98		1.6	2.8	3.6	4.0	4.7	5.5	6.2	6.7	7.2

资料来源:1998~2007年国际统计年鉴,并计算.

3. 产融结合比较

大企业通常为产融结合的企业,能够较好地反映一国产融结合所具有的金融对产业成长的加速器作用。表5-10为三国1994~2006年进入世界500强企业的数量。美国的企业数量明显处于绝对优势,美国的跨国公司在世界市场具有很大的垄断性,显示了产融结合的优势;日本所拥有的大企业也占据了相当的优势,其中也主要是金融资本和产业资本的有机融合产生的跨国公司;中国所拥有的企业数量在增长,但其国内产业垄断性特征突出,产融结合还需进一步完善。

表5-10 1994~2006年进入《财富》世界500强企业的数量 个

年份	1994	1995	1996	1997	1998	1999	2000	2002	2003	2004	2005	2006
美国	153	153	162	175	185	176	186	192	180	176	170	162
日本	149	141	126	112	100	106	105	88	106	81	70	67
中国	2	3	3	3	5	9	11	11	11	16	20	30

资料来源:1994~2007中国统计年鉴.

5.2.3 金融成长外部环境比较

一国引进外资与对外投资的变化既反映一国金融和产业成长的实力,又反映了一国金融成长是否拥有良好的外部环境。表5-11显示,美国一直是世界上最大的对外投资者和引进外资者,美国拥有了完善的金融成长环境;日本金融市场的落后以及对外资引进的限制使得日本不能成为理想的投融资场所;中国在引进直接投资方面呈上升趋势,这是政府实行优惠外商直接投资的政策所致,当然也是因为中国投资环境日益好转以及中国巨大的国内市场所吸引。在对外投资方面,中国政府在2000年以后开始放松管制,并在一定程度上给予鼓励,但总体来说仍是非常薄弱的,需进一步发展。

表5－11　对外直接投资占世界比重与引进外资占世界比重　%

年份	对外直接投资占世界比重			引进外商直接投资占世界比重		
	美国	日本	中国	美国	日本	中国
1988	8.5					
1989	11.8					
1990	11.3					
1991	15.9					
1992	19.2					
1993	30.6			19.8		
1994	25.7			17.7		
1995	25.9	6.3	0.56	17.8	0.01	11.3
1996	21.4			21.2		
1997	20.2			23.5		
1998	19.2			30		
1999	16.8	2.3	0.18	27.4	1.2	3.8
2000	11.5	2.5	0.07	22.2	0.59	2.9
2001	18.4	6.1	0.29	16.9	0.8	6.4
2002						
2003	24.8	4.7	0.29	5.3	1.5	9.5
2004	27.4	3.8	0.67	17.2	1.1	8.5
2005	-3.3	5.5	1.5	10.7	0.29	7.7
2006	17.8	4.1	1.3	13.4	-4.9	4.97

资料来源:1998～2007年国际统计年鉴,1998～2007年并计算.

5.2.4　小结:金融与产业成长路径的共同性与中国的优势和劣势

1. 共同性:金融成长加快了产业成长,提高国家的国际竞争力

不论是美国的市场经济体制以及其所构建的市场主导型金融体系,还是日本、中国的“计划经济”体制以及银行主导型金融体系,金融成长加快了产业成长,提升了国家的国际竞争力。一国的软件产业发展速度、国际贸易占比、拥有的跨国企业等直接反映了该国金融对产业成长的促进作用;吸引海外投资的占比反映了一国金融成长的外部环境,对外投资则体现了一国金融和产业的国际竞争力。因此,一国产业竞争力的提升,反映了一国金融成长及其对产业成长所具有的促进作用,从而反映了金融与产业成长的匹配关系。

2. 中国金融成长的优势和劣势

中外金融与产业成长关系的比较反映了中国金融成长的优势和劣势。中国

的金融相关率在短短20年的时间达到美国、日本四五十年甚至更长时间才实现的水平;政府对金融体系的控制使货币化程度由1978年的0.24迅速上升到2006年的1.64,远远超过美国的0.5的水平。显然,中国金融的快速成长显示政府干预金融成长所具有的优势,即政府促进金融成长以保证和加快产业成长(比较突出的表现在中国对外贸易依存度的大幅度提高),从而提升了国家的国际竞争力。然而,中国较低的金融业贡献率、较弱的新产业孵化机制和产融结合机制反映了我国金融与产业成长的匹配关系需要改进,也反映了中国的金融成长需要完善的外部环境。

第6章　基于产业成长金融化趋势下的发展对策构想

产业成长金融化已成为现代经济发展的重要特征，金融与产业成长的匹配关系需要完善的金融市场来实现。因此，对于中国金融成长的路径与模式，我们有如下对策构想。

6.1　实行金融优先发展战略

6.1.1　产业成长金融化与后发优势

日本和中国的金融与产业成长历史均是实行金融服从于产业成长的模式。根据亚历山大·格申克龙[216]的后发优势理论，一个国家的经济发展越是落后，就越需要特殊的制度安排来为工业化提供资金，而且这一安排也就越具有强制性。格申克龙的金融替代制度使得一国在短期内为工业化调动了巨额的金融资源，迅速缩短了与工业化先发国家的距离，同时也增加了金融系统的脆弱性，为金融系统的可持续发展留下了隐患[217]。日本政府主导的主银行制度构建了政府、银行和企业三维一体的金融体系，进入20世纪80年代，金融行政问题越来越明显；日元支付体系的建立未能占据与产业成长相应的比例。中国政府对金融业的隐性干预仍在相当大程度上制约着金融产权的市场化交易；产业的迅速成长由于缺少金融业的有力支持而失去在国际市场的发言权。

可见，为实现工业化而实行的金融替代制度有其内部和外部条件。从内部条件看，是落后国家在缺少金融初始条件下的替代制度；从外部条件看，是一国在封闭经济条件以及国际金融联系相对薄弱的条件下保证产业成长的制度安排。从实践来看，当代技术创新环境的变化、国际经济秩序规则的制定和路径依赖等因素使得后发优势的发挥越来越困难，而先发优势正日益显现出强大的生命力[218]。因此，国内国际环境的变化均要求金融替代制度的变迁；同时长期实行的结果是严重制约着技术创新，使得产业成长始终处于二流的技术水平。如前所述，进入20世纪70年代以后，金融全球化加剧了产业成长金融化，发展中国家实行金融替代制度来实现工业化的后发优势战略必须适时调整，即在产业成长金融化背景下，实行金融优先发展战略，保证和加快产业成长，提升国家的国际竞争力。

6.1.2 我国金融成长目标与产业成长的成就及困境

新中国成立后，我们模仿苏联模式，实行高度计划经济体制，确立了优先发展重化工业的战略目标。中国人民银行成为中国内地唯一的金融机构，利率、汇率完全由国家制定，债券市场取消，其他非银行金融机构关闭。实际上在本阶段，金融的功能基本丧失，政府通过金融约束，对我国尽快实现重工业化提供了有力的金融支持。1978年改革开放，金融成长进入一个繁荣时期。内生于产业成长的金融工具在政府干预下迅速走向多元化。商业票据、企业融资债券、大额可转让定期存单、股票、远期外汇、外汇期权等金融工具产生，相应的市场在政府主导下建立，所有这些内生于产业成长的金融工具，自发地或借鉴西方金融市场形成交易规则，在达到一定规模后（或在萌芽状态），政府以行政方式将其纳入正规金融市场。显然，政府正在力图构建多元化的金融工具，而且事实上正是在政府的直接干预下，金融工具的创新走向完整和多元化，并且在实践中不断完善。产权主体多元化和地区经济发展不平衡，单一的中国人民银行相继分离出多家专业银行以及非银行金融机构。地方商业银行涌现，在很大程度上已成为当地金融重要力量。值得特别关注的是非正规金融，成为我国经济发展的重要支持力量。在金融市场主体多元化的过程中，中央政府和地方政府适应产业成长之需努力完善金融机构体系。

显然，政府干预金融成长为产业成长提供了有力的金融支持。然而，产业成长金融化内在地要求政府改变金融替代制度。首先,中国成为世界生产车间,向全球供应大量的产品,但却没有商品的定价权;中国成为某些原材料、产品的主要或最大的生产国和消费国,同样没有价格谈判权。这种巨大的反差一方面是由于国际市场的传统定价机制;另一方面是与我国落后的金融市场有直接关系。我国产业竞争力的不断提升,呼唤在国际市场的商品定价权。逐步开放和健全金融市场成为政府发展金融的选择,政府开放金融从而逐渐减少干预金融成长的意愿越来越强烈。第二,中国国力的提升和巨额的外汇储备已使人民币汇率不再是中国国内问题,已上升至国际政治经济地位,政府干预外汇市场成为他国的口舌;而人民币成为国际货币所带来的巨额收益诱导政府追求人民币的国际化,而这需要政府开放金融。同时,金融监管迈向国际化要求政府开放金融。第三,中国加入WTO所作出的承诺要求政府实行金融开放;而政府则可利用金融开放以激励国内企业和金融机构从而提升竞争力。

6.1.3 以金融优先发展加快产业成长

1. 调整发展战略,实行金融优先发展

荷兰现代金融制度的建立推动了国际贸易中心的确立;美国从产业资本主义走向金融资本主义,对世界各国的产业成长模式构成威胁,促使美国处于产业竞争的前沿;日本在20世纪90年代后未能及时调整金融发展战略而使产业成长陷入困境。金融内生成长的演进路径表明,当金融成长衍生与附加了商品定价权和金融资产定价权时,即产业成长金融化,要求一国实行金融优先发展以保证和加快产业成长。目前,我国金融成长相对滞后于产业成长的现状,急需提高金融地位。我国应及时调整发展战略,实行金融优先发展,加快产业成长,从而提高国家竞争力。因此,我国应以建成全球重要的国际金融中心,提升国际竞争力为重要目标,创建一个促进竞争和创新、保持市场高效率、构建公平和透明的经营环境、确保监管政策一致性和有效性的金融成长模式。

2. 坚持金融成长与产业成长保持合理匹配关系

产业成长金融化意味着产业成长在很大程度上取决于金融成长。金融分配着社会财富,调整着生产要素的流向和效率,尤其是在现代化规模生产条件下,金融成为项目运作的重要前提,制约着产业成长。因此,应实行金融优先发展以加快产业成长。但产业成长是金融成长的载体,决定着金融成长的临界值和成长能力,这一基本原理不会变化。历次金融危机爆发尤其是2007年美国的次贷危机,原因即是金融成长与产业成长的不匹配。因此,产业成长是金融成长的载体,金融成长保证和加快产业成长,二者必须保持合理的匹配关系。

6.2 改善金融成长外部环境

产权明晰是金融交易高效率运行的前提,也是资源有效配置的重要基础;而产权制度对其他制度安排具有本质性的影响。因此,产权明晰是金融成长的重要基础和前提条件。同时,法律制度是金融成长的制度保证;在法律制度相对稳定的条件下,金融政策具有重要的导向作用;而非正式制度——社会信用环境和微观规制对法治水平具有重要影响。法律制度确定了金融交易主体的基本行为准则和框架,社会信用环境联系着法律制度和微观规制,影响着金融交易成本;微观规制则是金融交易顺利执行的保证,反映着社会信用环境,制约着法制水平。因此,我国要实行金融优先发展战略,就必须改善金融成长所依赖的外部环境。

6.2.1 加快产权制度改革

"经济条件是处于不断变化之中的,均衡产权的界定也随之发生变化。随着个人拥有的商品的权利变得更有价值,他们将对这些权利加以更彻底地界定。随着公共领域内商品权力的价值的增加,人们将花费资源来获取它们并将它们变为私有财产。这种从公共领域到私人所有的转变,有时由个人实施,有时由政府实施。"[219]中国社会主义市场经济体制的确立,必然要求产权制度改革。"要在公有制经济背景下建立产权制度,首先要做的是将不可交易的共有权'细分'为可交易的个人权利。"[220]从放权让利到股份制,正是中国产权制度不断变革的历程。

经过30年的改革开放,通过股份制改革,国有商业银行已经成为产权明晰、自主经营、自负盈亏的现代企业;《物权法》所确立的无论是国有还是私有财产都给予保护的理念，为财产权保护提供了良好的法律依据;《合同法》等法律明确了有约必守的原则;相对独立的司法体制也基本上能够满足权利保护的需要。《行政许可法》、《行政处罚法》等法律的出台，金融监管部门的监管权力受到了有效约束;而金融机构可以向国家和监管者表达意见，也可以通过诉讼、非诉讼等法律手段向投资者、消费者主张权利。

但从现实来看，中国相当部分的产权仍属于“公共领域”;国家资本的投入渠道和国家金融资本的运作方式以及代表国家管理其金融资本的机构如何定位仍然是国家对金融控制的一个重要问题[221];个人拥有的商品的权利变得更有价值等，必然要求政府进一步加快产权制度改革。因此，商业性金融机构建立现代金融企业制度还有许多需要进一步完善的工作，其中，重要的是公司治理结构问题，包括资本结构、公司内部决策机构、组织制度安排、内控机制、风险防范机制等。现代企业制度的确立将进一步明晰产权，从而加快金融成长，促进产业成长。

6.2.2　提高法制水平

由于金融资产交易是建立在投资者对未来义务被履行的信心上，金融成长需要外部制度和条件。法律制度是金融成长的制度保证，法治水平是其表现形式。即法律制度是金融产权交易执行的制度保证，而法治水平则是合约执行的激励机制。经过30年的发展，特别是近10多年来的努力，中国已经初步形成了以“银行三法、证券、保险、信托基本法为核心，金融法律、行政法规和规章为主体，金融方面的司法解释为补充的金融法律体系”;初步形成了金融发展所需要的法律秩序环境:明晰的产权结构、良好的产权保护、有效的合同履行机制、公正的司法体制[222]。然而，国内国际环境在不断地变化，不断完善法律制度，提高法制水平，仍然是中国金融成长的重要课题。

1. 着力解决金融法律制度的前瞻性

加入世界贸易组织以后，中国的金融业从传统盈利模式向现代盈利模式转变，消费者对金融服务需求逐步增强;而经济全球化和金融全球化对我国的金融法律制度构成一定的冲击。金融法律制度的空白和前瞻性问题凸显。因此,政府应不断完善金融法律制度,着力解决金融法律的前瞻性问题,如金融全球化对我国现行法律的冲击及未来可能的影响,在金融业的准入、退出等规则的制定、违规案件的处理等方面实施政府职能,不断完善法律制度,提高法治水平。

2. 争取国际金融事务话语权,保护国家货币主权

国家货币主权是国家主权的重要组成部分,是一国在其国内发行和管理本国货币的最高权力,也是一国执行独立的对外货币政策、平等参与处理国际货币金融事务的权利。拥有货币发行主权,国家才能依据产业成长所需确定货币发行量,保证货币币值的稳定,从而保证产业在稳定的货币体系中成长;拥有货币发行主权,也即拥有了执行独立货币政策的权力,利用货币政策调控产业成长,也可利用货币政策激励产业成长;更为重要的是,拥有了货币主权,一国产业才能免受国外货币政策冲击从而拥有产业发展权。因此,国家货币主权是产业成长的根本要求。

然而,在金融全球化背景下,国家货币主权,尤其是发展中国家货币主权受到巨大的挑战。20 世纪 70 年代的金融创新使得金融资产的替代性加大,金融机构的多元化增加了货币发行主体,欧洲货币市场和离岸金融中心的建立加剧了国际资本流动,这些因素共同作用使一国的国家货币主权受到削弱。比较突出的表现是受美元汇率政策和美元经济的影响,一国的产业政策得不到持续贯彻,产业成长失去主动权。

2007 年的美国次贷危机爆发使得国际货币体系改革成为全球重要课题,中国等许多国家的改革建议得到采纳,中国在 IMF 中的份额升至第三位,只是美国的 1/4,但这毕竟是一种进步。2010 年 G20 峰会美国指责中国干预汇率的建议没有得到其他国家的响应; 2010 年 11 月 17 日"美中经济与安全评估委员会"在年度报告中指责中国"操纵汇率",遭到质疑;而美联储决定实行量化宽松政策更是招致世界各国的普遍抱怨,甚至其盟国也批评美国,德国总理默克尔说,美国的量化宽松政策是"靠人为压低汇率来刺激出口",这一政策是"短视的,最终会损害各方利益"。投资大师罗杰斯也表示,美联储主席伯南克对经济一窍不通,美国作为史上负债最严重的国家,实施新一轮的量化宽松可谓作茧自缚。将

导致美元泛滥、货币市场混乱。

美国指责中国操纵汇率以及实行量化宽松货币政策既对我国的金融和产业成长带来压力,同时也为我国争取国际金融事务话语权,推动人民币国际化提供了机遇。因此,在金融全球化背景下,我国应积极参与国际金融组织,促进国际货币体系改革,争取国际金融规则制定的话语权,保护国家货币主权,维持金融体系的稳定,保证产业政策的实施并最终实现产业成长。

3. 实施有效的金融监管

金融监管的重要意义在于,通过市场监管制度,让资本与管理层为自己行为负责,为金融成长提供更加完备的制度保障和更加公平的竞争环境。我国已建立了“三会一行”即银监会、证监会、保监会和中国人民银行的金融监管体系,为我国金融业的快速发展提供了公平和透明的外部环境。目前需要进一步解决的问题有三:

(1)分业监管与金融成长问题。金融机构经营体制由分业经营向混业经营转变代表了当今国际金融业的最新趋势。美国1999年《金融服务现代化法案》的通过,保证了美国银行业的强大的竞争优势。我国的金融业虽然也出现银行和保险业的合作、银行和证券业的合作等混业经营形式,但从法律上并没有明确界定,由此出现金融监管的空白,这一问题制约着金融业的进一步发展。

(2)金融监管与金融创新问题。金融成长的历史实际上即是金融创新的历史,而金融监管与金融创新也一直是金融成长历史的重要课题。正如Finnerty[223]总结认为,金融创新是帮助避税、降低交易成本和代理成本、风险重配、增加流动性、规避管制等。即金融创新与金融监管的矛盾性:金融监管产生金融创新,金融创新推动金融监管。需要注意的是,金融创新作为金融成长的重要推动力,只有符合社会经济发展,满足产业成长需求的金融创新才会促进金融成长,形成新的金融法规,为金融监管体系所接受。

(3)金融监管的国际合作问题。金融全球化使得跨国金融监管成为各国政府的重要课题,国际资本流动尤其是金融机构的跨国投资使得一国的金融监管出现真空。国际社会出现金融诈骗而不受任何国家监管的教训值得深思,金融危机的全球传导带来巨大破坏也迫切要求金融监管的国际合作。我国面临国际和国内两重压力，实行金融对外开放必然面临着国际监管合作。因此，正确处理国家主权的让渡与国际金融监管合作之间的关系才能保证我国金融业的对外开放，提升金融竞争力。

6.2.3 发挥金融政策导向作用

金融政策主要包括相关的金融自由化政策、公司及个人的赋税政策、金融人才的相关配套政策等。在一定的法律制度下，政府的金融政策导向作用显而易见。有利的金融政策将会降低金融机构的进入门槛，减少经营成本，激励金融创新，吸引金融机构的进驻，而且，有效的金融政策能在一定程度上抵消原有制度的不足，它在促进中心发展的同时，也能为制度的改革留有空间和时间[224]。

目前，我国的金融政策应努力做到：

（1）与产业政策协调一致。作为现代经济的核心和项目运作前奏的金融业，其成长的基础和动因仍为产业成长，而且金融成长本身即是保证和推动产业成长。因此，金融政策必须与产业政策协调一致。党的十七届五中全会提出加快新兴产业成长，提升产业竞争力，相应的金融支持政策则尤为重要，直接影响着产业政策的效果。

（2）实行差别化金融政策。中国疆土辽阔，区域经济、城乡经济差别巨大，金融成长水平参差不齐。显然，统一的金融政策不可能兼顾所有情况。因此，国家的金融政策应发挥指导和协调作用，地方政府制定当地的金融支持政策。如对欠发达地区降低金融机构的准入门槛、较低的资本金要求等。实行差别化金融政策将会促进当地产业成长，缩小经济差距。

（3）推动上海国际金融中心的建立。如第4章所指出，在产业成长金融化背景下，我国产业的迅速成长由于缺少金融业的有力支持而失去在国际市场的发言权，自然制约了产业成长。20世纪60年代以来的巴哈马、巴林、新加坡，中国香港等若干国际金融中心的形成表明政府支持政策的重要推动作用。因此，宽松的金融政策将会加强和促进上海国际金融中心的形成和发展，并成为国内金融制度改革的动力。

6.2.4　加大市场惩戒力度

市场惩戒是指市场机制自动发挥功能、迫使金融机构改正其不足，或者在资不抵债之前退出市场。一般而言，市场惩戒机制可以通过三个渠道发挥作用：一是在金融产品市场上，金融产品消费者（如存款人）可以通过要求高利率或抽走资金来对金融机构不安全或不稳健做法作出反应。二是在资本市场上，金融机构的股东或长期债权人（次级资本所有者）可以通过“用脚投票”或“用手投票”方式向金融机构的经营者传递市场退出的压力。三是在金融企业家市场上，如果导致金融机构失败的经营者不再为企业家市场所欢迎，他将约束自己的过度冒险行为[225]。

市场惩戒机制作为法律制度的重要补充，能够有效降低金融交易成本，对于改进社会信用环境、促进金融成长具有重要意义。在一个拥有市场惩戒机制的社会中，违约者要受惩罚的信息很快传递给违约者，即会被拒绝接近社会资本，当然，以独特的社会文化为背景的集体惩罚机制很可能限制有效交易规模的扩大[226]。

我国在市场惩戒机制方面存在两个问题，一是市场惩戒机制的不完善。这表现在政府对金融交易的“越位”干预，这就给市场提供了“法不责众”的错误信息；二是市场惩戒机制的狭小性。由于我国全国性商业网络的不完善，市场惩戒机制只存在于一定地区、社会范围内，难以形成有效的市场惩戒机制。因此，完善市场惩戒机制，一方面政府减少对金融交易的干预，如减少企业补贴以及增加国家银行资金运用的多元化以减少金融腐败；另一方面政府向全社会提供金融交易宏观信息，如资本充足率、违约者名单等，形成有效的市场惩戒机制，从而改进社会信用环境。

6.2.5　健全自律机制

当信用成为一种可以创造经济价值的资源时，就会形成一种自律机制，激励微观主体诚信为本的理念的树立，经济交易的未来不确定性下降，有效的微观规制形成，从而有利于法制水平的提高和社会信用环境的进一步改善。因此，加大微观主体的征信力度，通过法律制度约束和市场惩戒机制，健全微观主体的自律机制，形成有效的微观规制。目前，由于征信制度的落后以及较低的法制水平和社会信用环境，在金融交易中的自律机制还存在很大的完善空间。这包括：

(1)金融机构的自律机制不健全。一是目前我国处于金融成长时期，仍以追求产业增加值和利润为目标。事实上，各部门业务既分割又紧密联系，是整体的有机组成部分，只有分割没有联系不能形成有效的内部控制体系；二是金融机构缺乏有效的激励约束机制，尤其是对主要管理层和决策者的激励约束机制的缺失，不利于金融机构自律机制的形成；三是缺乏有效的市场惩戒机制，即金融机构的资本充足率、违约交易、机构成长性等透明度较差，而金融机构的“半官办民”也制约着市场惩戒机制的有效运行，从而不能形成有效的自律机制。

(2)金融组织自律机制的缺失。金融机构自律机制的不健全必然传导到整个金融组织。由此，金融腐败、违规交易等产生；不完善的社会网络也使得金融组织自律机制局限于一定的社会习俗、惯例等范围内。金融组织自律机制的“缺失”现象严重。

因此，我国应加大征信力度，建立金融交易主体的信用档案，形成有效的激励约束机制，健全金融机构和金融组织的自律机制，形成有效的微观规制。

6.3 构建产业成长的金融服务平台

金融服务于产业成长，其重要的职能就是引导资本的优化配置。这就需要完善的金融服务体系，即有效的金融市场、充足的金融工具和富有竞争力的金融组织。在有效的金融市场上，充足的金融工具可以更广泛地动员社会资源，形成资金的竞争机制，从而实现资源的优化配置，通过产融结合促进产业成长。在这一过程中，金融机构通过混业经营、金融控股公司等业务方式，建立起富有竞争力的金融组织，提升国家的国际竞争力。

6.3.1 完善金融市场结构

经过三十年的改革开放，我国已建立了完整的金融市场结构，形成了以间接融资为主、直接融资为辅的金融体系，保证和加快了中国的产业成长，极大地提高了中国的国际竞争力。但目前的金融市场结构具有明显的不平衡特征。首先，间接融资比例偏大。虽然股票和债券筹资比例不断上升，但银行贷款在企业资金来源中仍占绝对优势；而且四大国有商业银行所占比例尽管有所下降，但仍占50%以上。这一结构表明我国的企业资金来源并未有大的改观，广大的中小企业依然面临融资的困境。其次，证券市场的所有制歧视现象突出。证券市场中股票筹资大于债券筹资，这与成熟的金融市场正好相反。在债券筹资中，国债的比例远远大于企业债，且企业债具有很强的"准国债"性质。股票的发行由"批准制"到"审核制"，国有企业仍居主导地位；中小企业板块作用有限。

金融市场结构的不平衡导致我国资本转化为投资的渠道不畅。一方面我国有巨额的储蓄余额，另一方面企业尤其是中小企业面临资金瓶颈。因此，必须完善我国的金融市场结构，发挥金融市场的资源优化配置功能。

1. 发展多元化金融市场

我国各市场是在政府主导下构建的，其金融功能的发挥还需进一步完善。

(1)货币市场。货币市场包括同业拆借市场、回购市场、短期融资券市场、商业汇票市场等，应进一步增加交易主体，增强流动性管理，从而拓宽市场广度和深度，形成利率市场化机制。

(2)资本市场。目前，股票市场进入全流通时代，2008年融资融券业务的推出有利于改变"单边市"为"双边交易"，从而改变"暴涨暴跌"现象。但统一的上市标准不利于不同层次的企业上市融资，企业债券发行仍具有很强的"准国债"性质等。因此，应从如下几个方面进行改革：

一是建立多层次证券市场。我们应建立不同层次的企业上市标准(目前的中小企业板块作用还相当有限)；发展企业债券市场，改变其"准国债"性质；发展场外交易市场，与场内交易市场形成互动的激励约束机制；对民间金融采取引导而非限制政策①。多层次的证券市场既满足不同层次投资需求，也使得金融

① 随着民营经济的发展，民间金融利率水平呈下降趋势，民间金融和正规金融之间的利差也逐年下降[227]。民间金融对民营经济的促进作用以及其自身的成长规律和特点决定了其存在的长期性和必要性

市场自发实现了资源优化配置,从而加快产业成长。

另外,需要提到的是企业债券市场。从成熟的金融市场的经验来看,企业债券是企业有效筹资的重要途径,尤其是对于中小企业而言意义重大。当然,企业债券市场的形成要求利率市场化、投资者保护机制、信用评级机制等。对我国而言,发展企业债券市场,既可解决中小企业筹资难的问题,又可为广大居民、机构投资者提供有效的投资渠道。

二是培育真正的投资者。中国的股票市场是在政府干预下得以形成和快速发展。随着经济发展,其制度缺陷越来越制约着自身的成长。如所有制歧视导致大量企业无法上市,而"配额制"却使得某些发行公司为上市而上市,所筹资金并无明确使用方向;在流通市场,投资者关注的是二级市场而非发行公司经营状况,股票转手率过高;为高新技术产业设立的创业板市场出现高管频繁套现等。因此,要培育真正的投资者,必须从制度上增加短线操作的成本,激励股东长期持有,发挥资本市场的功能。

(3)外汇市场。对外贸易持续增长为我国外汇市场的改革提供了历史机遇。人民币汇率形成机制仍是改革的关键。继续按主动性、可控性和渐进性原则,进一步完善以市场供求为基础、参考一篮子货币的有管理的浮动汇率制度,保持人民币汇率在合理均衡水平上的基本稳定。这一观点被普遍接受。关键是允许更多的交易主体进入市场才能提高外汇市场的流动性,推进外汇市场建设。武钢财务公司等进入银行间外汇市场交易、两家货币经纪公司开办外汇经纪业务等活跃了外汇市场交易,这对于稳步发展外汇市场,完善市场基础设施和监管制度,促进金融工具创新,将会产生积极影响。

2. 增强市场竞争力

金融全球化将全球金融业紧密地联系在一起,资金在国际流动,资源在国际配置,控制了国际金融也就相当于控制了国际资源的配置权;产业成长金融化使得发展中国家提前面对金融竞争;中国加入 WTO 使得中国金融成长一方面面临国际金融市场的激烈竞争,另一方面又面临国内产业成长要求金融话语权的压力。增强金融市场竞争力成为迫切要求,因此我国应实行"引进来"与"走出去"并重战略,即合理有序开放金融市场;创造中国资金"走出去"条件。实际上,这是一个问题的两个方面，是人民币资本项目可兑换问题。到目前为止，我国有将近一半的资本项目交易已基本不受限制或较少限制，有三成多交易项目受较多限制，严格管制的交易项目不到两成。因此，现在人民币已经在资本项下实现了部分可兑换。就吸收外商直接投资而言，其开放程度甚至高于一些发达国家。现在的问题是阶段的时间表和顺序。目前，我国实行的是从国际收支项目上分序进行，如先放宽对资本流入的管制，再放宽对资本流出的管制；先放宽对长期资本流入的管制，再放宽对短期资本流入的管制。在此，我们要注意不可操之过急：欧洲国家从经常项目下的可兑换走到资本项目下的可兑换，平均花费了16~20年的时间，东南亚及拉美一些国家过早开放资本市场造成了严重的金融危机。因此我们应做到：

(1)资本项目自由化应量力而行。实践证明，在正常的市场条件下，市场的自我调节能够解决一些问题，但当风险加剧时对国际资本自由流动不加管制，受害的必然是该国的经济和金融的稳定和发展。迄今为止，在市场化程度较高的一些国家，面临重大市场风险时，监管机构对偏离市场行为的修正总是受到政府和大多数投资者的肯定。最近几年，国际资本的规模足以左右一个国家或一个地区的金融市场运行。因此，我国在实施资本项目自由化策略时应量力而行，不能以发达国家的“金融无国界”、“金融一体化”等理论设计的“游戏规则”推行人民币自由化。

(2)不可对资本项目自由化过分推崇。一些经济学家认为，国际资本流动带来的成本高于其得到的利益。目前，自由资本的理论比自由贸易理论有较大局限性，理论假设和现实的差距更大，暴涨和暴跌是一种通病。有关专家分析1975~1989年资料发现，资本自由流动所带来的财富并未增加。

(3)外汇管制、资本账户自由化二者并不是不可调和的矛盾体。事实上，德国马克、法国法郎等在成为世界货币的过程中二者共同实施。现在的外汇管制是非世界货币的国家调节宏观经济的重要资源和手段；而受西方理论影响过早实行资本账户自由化的国家则遭受了货币危机和金融危机的打击。因此，人民币实行资本账户自由化的过程中不应放弃外汇管制；而且也并不是人民币国际化的一个障碍。

(4)充分利用历史机遇,树立人民币国际地位。2007 年美国次贷危机引发国际货币体系改革,美元的国际地位相对降低;2010 年美国实行量化宽松货币政策,其目的有三:一是变相让美元贬值,以利美国的产品出口;二是利用这些新印制的美元在全球发行,变相贬损其他国家持有的美国国债与美元价值;三是透过这些美元,刺激其他国家跟进也贬值货币。显然,量化宽松货币政策必然导致美元国际地位的相对降低。虽然这对中国金融和产业成长带来压力,但却为人民币国际地位的提升提供了历史机遇,从而有利于人民币资本项目的自由兑换。

6.3.2 丰富金融工具

一个成熟的金融市场包括基础金融工具如股票、债券等,也包括衍生金融工具和金融工具的组合。我国经济的快速发展使得衍生金融工具不断创新,丰富着我国金融工具结构。但我国特定的经济体制决定了衍生金融工具的产生具有很强的政府干预特征,从而制约着其功能的发挥。金融工具创新的不足限制着资本的形成与转化,突出表现在储蓄剩余和投资的不足:我国的投资回报率并不低,但由于金融工具创新的不足以及金融市场结构的不完善,造成储蓄转化为投资的渠道不畅。从总体来看,我国的金融工具创新偏少,不能满足产业成长的需要。因此,我国应鼓励金融创新。

1. 金融期货

适时进行股指期货的开发与实践,为国内金融衍生产品的创新积累经验,这是我国资本市场国际化的需要。开发股指期货交易不仅可以发挥它特有的套期保值和价格发现功能,从而有利于转移风险,降低市场系统风险,促进证券市场稳定;还有助于吸引证券市场参与者进入市场,更好地发挥资本市场配置资源的功能。而建立人民币期货交易,既提供了套利和投机的功能,又吸引了更多的市场参与者 ,确立人民币远期的定价权。

2. 金融期权

2002 年 12 月 12 日,国内首个个人期权交易“两得宝”在上海市问世,其好处在于锁定外汇成本,形成风险的确定性和收益的扩大性。它作为外汇宝的实盘交易延伸,从针对机构服务转向个人投资工具,将为个人投资者提供更多的汇率变动中寻求获利的机会。目前，我国应大力宣传和普及期权知识，积极推动期权市场的发展。同时，积极探索人民币期权交易，构建人民币远期定价权机制，保护国家货币主权。

3. 互换业务

运用互换业务，商业银行等金融机构可以及时有效地调整其资产负债的币种结构和利率敏感性资产负债的规模，以达到资产负债综合管理的要求。此外，互换市场的发展可以大大促进债券市场的繁荣。我国已有多家银行做过互换业务，应继续扩大。

4. 离岸金融业务

中国政局稳定，经济基础发展势头迅猛，而上海作为中国经济发展的龙头，除了拥有许多实力雄厚的国有企业和民营企业外，还拥有众多的“三资”企业，这些企业对银行业务的要求日益提高。尤其是在我国入世后，我国与世界经济基础的联系和交往日益密切。因此，如何发展外向型银行业务，最大限度地利用现有的人员和设备与境外商业银行竞争，占领境外金融市场已成为我国各大商业银行目前急需解决的课题，而我国东部沿海几个大城市国际知名度高、金融基础设施完善、地理位置优越、金融政策相对灵活、地方政府扶持金融业发展的力度大。因此，在上海等地建立离岸国际金融中心所需要的各方面条件已经初步具备。

5. 创业投资基金

创业投资基金是创新型成长导向型企业的最有效的金融服务形式。我们有必要构建一种促使金融资源自动流向有利于产业成长的强制升级、激发创业热情、创新型企业得到充分金融服务的机制。由于我国创投产业不发达，那些成长型的创新企业股权被海外创业投资基金大量收购，随之出现新形式的产业空心化趋势。这种倾向如果不通过恰当的金融政策调整来加以矫正，中国就可能永远沦为技术经济意义的二流或三流国家[228]。

需要注意的是，2007 年美国次贷危机引发的全球金融危机告诉我们，首先，金融工具创新必须是产业成长内在需求，即要符合服务对象的客观需求，不能为创新而创新；其次，金融工具创新必须考虑其可能的社会经济效应。

6.3.3 培育富有竞争力的金融组织

经济发展需要多层次、多元化的金融组织结构。在金融全球化背景下，金融机构不仅面临国内的激烈竞争，同时也面临着跨国金融集团的竞争。因此，我国需要金融寡头，以提高金融市场的组织化程度和金融业的竞争力。另外，中国经济的多元化也要求具有特色优势的金融机构。

1. 培育国际金融寡头

金融寡头的形成需要金融机构自身的努力，也需要政府的引导。大型商业银行应首先确定战略目标，实施合理措施，形成富有竞争力的金融机构，提升国家竞争力。

(1)产融结合。美国的巨型产业集团、日本的财阀及现代垄断产业集团既是金融资本和产业资本有机融合的产物，也推动了本国的产业成长为世界领先者。这些集团在很大程度上控制了国内主要产业，也在国际金融市场拥有垄断权。我国应创造产融结合的条件，允许产业资本和金融资本的相互持股，推动金融成长和产业竞争力的提升。

(2)混业经营。面对银行业混业经营的趋势，中国人民银行早在 1999 年即宣布允许保险基金进入证券市场，证券商进入银行同业拆借市场；银行本身也在不断扩展边缘业务。但总体来看，我国的银行业混业经营还面临着法律的限制以及自身因素的制约。因此，我国应积极发展银行业混业经营、金融控股公司等。

一是允许银行、证券、保险、信托适当交叉，在总结经验的基础上开展混业经营，修订相应法律法规和协调监管机制，培育我国的金融寡头，提升我国的金融竞争力。

二是实行一体化战略。对于金融机构而言，银行、证券、保险、信托业务的交叉并不是一体化经营，也并不能形成竞争力。所谓一体化战略，是指银行或保险公司、证券公司、信托公司以某种联合的方式来运作金融服务市场，它首先是指不同的金融服务的相互联系，其次是指这些业务的销售[229]。在实践中，银行与公司在一个集团或一个金融联合体的控股公司的管理之下，通过各自的途径来经营，实现集团收益最大化。

2. 构建特色优势金融机构

金融机构为产业成长服务，产业成长的行业差异、区域差异必然要求多层次的金融机构。因此，改变战略目标相似的现状，面向特定区域、产业的金融机构同样具有其竞争优势。

(1)创新农村金融业务。农业生产的季节性、农村产业的空心化导致农村资金倒流城市，形成恶性循环。如何将农村资金留住并服务于农业，关键在于农村金融机构的业务创新。如经济作物贷款、农民工外出打工贷款、农民工返乡创业贷款等金融工具创新；种养场地使用权抵押、经济林权抵押、农户联保等担保创新。这些创新将孵化农村特色产业成长，培育农村金融成长优势。

(2)发展中小金融机构。我国已建立了多层次的金融组织结构，既有垄断性的大金融机构，也有政策性金融机构和中小金融机构。金融机构数量的多少以及规模的大小并无确定的界限，实际取决于金融业的准入和退出制度。现实中，我国四大国有商业银行居于垄断地位，其贷款对象也多为国有大型企业。其他商业银行不断成长，但中小企业筹资难的问题依然突出。因此，我国应不断优化金融市场结构，积极发展城市商业银行，完善农村信用合作社，对民间金融采取引导而非限制政策等，促进产业成长，提升我国的国际竞争力。

第 7 章 政府行为在金融与产业成长中的契合点和突破点

中国特定的社会经济体制决定了政府在金融与产业成长中的重要作用，当代各国社会和经济结构的现实也显示政府在其中扮演着极其重要的角色，2007 年美国次贷危机引发的美国政府对经济发展的全面干预，更是引起关于政府行为的讨论。由此我们需要界定政府行为在金融与产业成长中的合理边界，从而找到政府干预的突破点。由于金融业本身以及金融对产业成长支持的独特性，政府行为干预经济发展更多表现在对金融成长的干预。因此，我们在此分析政府行为在金融成长中的边界，从而扩展至政府行为在金融与产业成长中的契合点和突破点。

麦金农和肖提出的金融深化论和赫尔曼、默克多和斯蒂格利茨提出的金融约束论分别从两方面论述和验证了政府行为的作用。结论却相反：一方认为政府应减少干预，另一方认为政府应加强干预。其实这是一个问题的两个方面，只是由于双方观察问题的出发点和视角不同，从而得出了不同的结论；更重要的是双方没有阐述清楚政府在金融成长中的应有角色和合理干预的机制。

实际上，内生于产业成长的各种金融工具的创新、金融机构的发展和金融功能的延伸，运用自生自发的力量达致复杂而完美的秩序，从小群体的范围突破，到被更广泛的群体所接受（这就是内生行为规制）。然而，在突破范围限制的过程中，金融成长的外部性凸显出来，必须有一种超越金融体系的外部力量来规范金融交易行为，从而保护内生的金融秩序，维护其内生的行为准则。具有这种力量的组织只有政府（外部行为规制）。因此，内生行为规制（金融成长）是基础，由此产生的外部行为规制（政府行为）是为保护和维持内生行为规制而存在。

内生于产业成长的自生自发的金融秩序与为保护和维持其行为准则的外部行为规制共同构成了金融成长的动态演变机制。但现实中外部行为规制往往掩盖了内生行为规制。同时,作为外部行为规制化身的政府行为以实现政治收益为首要目标。本章依此作为研究的视角和研究的出发点,从而寻求二者关系的契合点和突破点。

7.1 政府行为理论假设

广义的政府泛指国家政府机构,而国家是经济上占统治地位的阶级统治和社会公共管理的工具。国家具有三个方面的职能:政治职能、经济职能、社会公共管理和服务职能。国家职能在不同时期侧重点不同,通过政府行为得以体现和实现。因此,政府行为是指在一定的社会时期内国家行政机关根据社会政治、经济、公共的需求,在行使行政权力过程中应承担的职责和功能。

7.1.1 理论假设

1. 政府是一种组织,政府行为具有特定目标

道格拉斯·C·诺斯认为,政府是一种在某个特定地区内对合法使用强制性手段具有垄断权的制度安排,是在暴力方面具有比较优势的组织。作为一种组织,政府具有两个基本目标:界定竞争合作的基本规则;降低交易费用,使社会福利最大化(即"诺斯悖论")[230]。主流经济学都假定政府是一个抽象的整体,是一个追求政府组织自身效用最大化的"经济人",但其比其他组织具有独特的比较优势:课税优势、允许或禁止的优势、节约市场交易费用优势以及遏止搭便车的优势[231]。

2. 政府行为以实现政治目标为首要责任,以经济职能和公共治理职能的实现为保证

政府承担三项职能:政治职能、经济职能与公共治理职能,其中政治职能居于第一位。国家通过政府行为实现自己的统治意志,国家所界定的政治制度决定了经济制度和社会治理模式,决定了政府行为的首要职责是政治职能。但是

实现政治职能的基础却是经济稳定与公共治理的完善,因此尽管政治职能各不相同,政府仍在努力发展经济和完善公共治理,但只要是政治利益大于政治成本,即使经济学家完美的经济政策建议或社会学家的公共治理政策建议不断涌现,政府也宁愿维持低水平的均衡。这种政府行为很好地解释了经济政策与公共治理不能完全实现的原因。也可以说,政府行为是发现符合自身利益最大化的外部规则。

3. 政府行为分层、依次发生,政治合同的模糊性为政府行为提供了便利

制度经济学认为任何个体之间就资源支配、享用产生的利益冲突和协调都是依次在不同的规则层次达成均衡。Buchanan 和 Rawls 认为社会制度……越往上层的规则(即相对抽象的、一般化的"操作规则的规则")越容易达成一致的同意,Ostrom 将行动规则明确地划分了三层——操作层、集体选择层和宪法层,她认为越是上层的规则(如立宪秩序)越难形成变更,而越是接近社会成员切身利益的规则(操作层面的)越容易[232]。规则的分层和依次发生导致政府行为也是分层、依次发生的。阿维那什·K·迪克西特认为政治合同是政策与选票的交易承诺。同时,政治合同很少是两个确知的缔约者之间的合同,内容要模糊得多,有很大的解释空间,以及很多用来逃避责任和指责第三方以转移过失的漏洞。在政治领域,代理关系总是模糊不清的,争端解决机制由于内在于政治过程中而更加没有效率[233]。政治合同的内容和代理关系模糊性以及强力背景的支持处于决策、管理和抑制的中间层(代表国家的中央政府、地方政府),其政治承诺在没有任何强制实施机制的制约下,发生机会主义及设租行为是不难理解的;由于信息不对称、有限理性、搭便车等集体行为逻辑的存在,作为微观行为主体的企业(包括金融中介等)、居民必然在政治合同的约束下进行彼此有利的活动,在多重博弈的预期下,个体的寻租行为和政府行为的变异产生,政府行为处于纳什均衡和贝叶斯均衡。

4. 政府行为是一个动态的概念,但在一定时期内具有"路径依赖"的特征

从 16 世纪末开始,西方国家政府的角色随着国内、国际政治、经济环境的变化不断调整着,其政府行为经历了"国家干预主义"、"守夜人"、"小政府"、"万能"政府、"积极干预"政府、"市场适应"政府,总体来看在以上政府行为分类的

大环境下，各国的政府干预经济的程度又各不相同，如相对美国、英国，法国、德国的政府更爱好干预经济。发展中国家政府也在不断调整着政府行为。总体经历管制——放松——再管制——再放松的过程。政府行为的演变与各国政府的博弈能力、意识形态、干预偏好、利益集团的冲突、官员的素质和个体的认知水平等密切相关。同时，新制度经济学的代表人物诺斯提出了制度变迁的“路径依赖”理论，认为在制度变迁中，存在着路径依赖性和自我强化机制。即一种制度一旦形成，不管是否有效，都会在一定时期内持续存在，好像进入了一个特定的路径，制度变迁只能按照这种路径走下去[234]。

5. 意识形态和个体的认知水平贯穿于政府行为的整个演变过程

作为思想上层建筑，意识形态的发展变化以经济生活和政治生活的发展变化为基础。North 认为其是一种节省时间精力的工具，Max. Weber 认为宗教信仰对资本主义发展起到积极作用（尽管有学者指出，资本主义产生早于新教主义，但新教伦理对资本主义发展的促进作用不可否认）。同样，马克思主义理论的产生和广泛传播，为社会主义国家的确立和发展起到了关键的指导和促进作用。意识形态决定了政治形态，政治形态又确立了经济形态。经济形态反过来又影响政治形态的稳定和变革，二者互为因果关系。总体而言，政府总是在维护主流意识形态和官方意识形态的统一，同时又允许非主流意识形态的多样化存在，即可保持意识形态的健康、活跃的发展和繁荣，又有利于政府行为的实施。

在意识形态（共同知识）的指导下或在“无知之幕”的初始状态下，个体根据特定环境及其经验累积不断调整其行为预期或行为模式。通过计算其行为预期与行为结果，因成功而强化其意识形态，因失败而改变其意识形态。当更多的个体的行为准则发生改变，该意识形态指导并产生的收益越来越小，甚至为负，突破该意识形态的要求随之上升。

6. 作为个体的官员的行为代表政府行为

这一问题历来难以界定，美国政府行为理论将行为分为政府行为和私行为，是西方自由主义传统的意识形态产物，他们认为政府行为比私行为更危险，政府行为只是一种“必要之恶”，只有政府“垄断了合法强制力”，握有最强大和最令人生畏的力量，因此从某种意义上来说，私行为即使再“不公平或不正当”也不如政府行为的威胁更大。然而,事实上如何区分政府行为和私行为是相当困难的,实际案例都经常缺乏一致性。

与西方发达国家不同,发展中国家尤其是封建历史较长的国家,认为政府是万能的拯救力量,政府官员是政府的代表人物,自然政府官员的私行为等同于政府行为,西方国家政府行为与私行为的区分在此没有任何意义。人们不担心政府行为的危险性。更多关心的是个体行为的危险性,政府担当着规则的制定者、维持者、裁判者、执行者万能角色,个体行为只是服从者,在政府行为的规则下寻求个人利益的最大化,由此出现官员的腐败、设租行为和民众的寻租行为。只有当官员意识到设租等腐败行为逼近民众的忍受极限,进而可能严重威胁其政治地位时,政府官员才会作出部分让步以刺激经济增长和缓和民众的敌对情绪。政府行为的改革同时也是民众自由化的扩大,民众对政府行为的认识不断提高,对政府行为的规制增多,对政府行为的界定及政府行为与私行为的区分才会成为关注的对象。官员的个人行为如个人素质、办事效率等依然很大程度上代表政府行为。因此,在界定政府行为的同时,官员的个人行为同样需要界定。从现实来看,政府官员的个人行为代表了政府行为。

7.1.2 金融成长中的政府因素

1. 金融成长与政府因素

政府作为一个组织,以实现政治收益为首要目标。政府竭力控制更多的资源以有利于其目标实现,实际上政府在很大程度上扩大某些产业的公共属性,以实现政治目标,从而间接实现社会福利最大化。理论分析和历史经验都表明产业成长对经济发展具有重要意义,多次金融危机也表明政府干预的必要性及对国家金融安全的重要性,而干预的程度、深度如何却很难界定,实际情况是在市场化进一步深入发展之际,各国对产业成长和金融成长及二者的匹配关系进一步干预,其背后隐含原因不能不说与政府行为有关。

2. 金融成长对经济的支持与政府因素

政府行为以实现政治收益为首要目标,而政治收益以经济发展为基础,以公共管理为保证。只有产业成长才能解决就业增长、物价稳定、实现经济稳定发展。国际竞争中具有强的博弈能力,政治收益才更容易实现,公共管理可以更多展开。因此,各国各届政府在保证自己的政治利益的前提下,致力产业成长和与之匹配的金融成长。匹配关系离不开政府的秩序保护和支持。政府确立的产业政策和金融政策深受经济发展的微观主体——企业的欢迎,如提供有利出口的汇率、政府提供税收优惠、利率优惠等。经济发展为政治收益提供了基础和保证。

3. 金融成长的动态演变与政府因素

政府行为规制以政治合同为基础,而政治合同的模糊性为政府改变其政治经济政策提供了依据。政府依据国内外政治经济形势调整产业政策和金融政策,使金融成长处于不断演变中。

4. 金融成长的“路径依赖”特征与意识形态

如前所述,意识形态决定一国的政治形态(政治制度,从而界定政府行为的政治目标)、政治形态界定和实施经济规则(经济制度),经济规则规范着产业成长和与之匹配地金融成长及其匹配关系的演变路径。西方国家在资本主义发展过程中,民众逐步形成自由、民主的思想观念,并指导着他们的行为准则,他们认为政府为“必要之恶”,政府在市场失灵时而为之,匹配关系主要依靠市场力量。发展中国家经济上长期落后,“万能”政府的观念仍被民众认同和依赖,政府更多依靠直接干预金融成长而实现其目标。然而,经济发展和民众的“干中学”在逐步改变着个体及集体的意识形态,在经济基础和民众(尤其是决策者)意识形态发生改变的双重约束条件下,匹配关系中的政府行为必然发生变化。但长期形成的政府行为、个人行为、旧的意识形态等仍将在很长一段时间内存在并发挥作用,因此,金融成长的演变具有明显的“路径依赖”特征。

7.1.3　金融成长本质特征

一国政治经济制度的形成产生于该国长期历史演变而形成的意识形态。每个社会都有意识形态,作为形成“大众想法”或共识的基础,而社会中大多数的人通常都看不见它。占有优势地位的意识形态以一种“中立”的姿态呈现,而所有其他与这个标准不同的意识形态则常常被视为极端,不论到底真实的情况为何。意识形态决定了政治形态,政治形态又确立了经济形态。经济形态反过来又影响政治形态的稳定和变革,二者互为因果关系。总体而言,政府总是在维护主流意识形态和官方意识形态的统一,同时又允许非主流意识形态的多样化存在,既可保持意识形态的健康、活跃的发展和繁荣,又有利于政府行为的实施。

在意识形态(共同知识)的指导下或在"无知之幕"的初始状态下,个体根据特定环境及其经验累积不断调整其行为预期或行为模式。通过计算其行为预期与行为结果,因成功而强化其意识形态,因失败而改变其意识形态。当更多的个体的行为准则发生改变,该意识形态指导并产生的收益越来越小,甚至为负,突破该意识形态的要求随之上升。

作为经济制度载体的金融业,必然体现着经济制度的内涵,以实现政治制度的确立和稳定为目标。金融自由化、金融抑制、金融约束、金融控制等制度实际上是经济制度的具体反映,如政府经济政策所推行的利率控制、金融业准入制度、退出制度、汇率管制、金融工具种类限制等制约着金融业的成长规模和速度,约束着其效率目标而朝着为相应经济目标服务的方向发展——政府干预较多的国家形成银行业主导型金融体系,而政府干预较少的国家形成市场主导型金融体系,并在长期管制中形成金融成长的特殊路径。可见,金融业成长的方向、速度和路径由政治经济制度所界定,是政府实现政治目标的工具和手段。在政治经济制度确立的条件下,金融业不断进行自我调整,在实现自身利益最大化的同时,实现自身的可持续发展。当金融业成长到一定阶段,个体维持既定的经济体制成本越来越大,突破该体制的意识形态逐渐形成,当更多的个体意识形态发生改变,经济体制的改革成为必要;政治体制适时作出调整,金融业在新的政治经济制度下进入新的成长时期。

7.2 金融成长的内生行为规制与外部行为规制

金融成长内生于产业成长,形成其内在的行为规制;而金融成长的外部性又要求外部行为规制保证金融成长的良性循环。金融成长的历史反映了内生行为规制与外部行为规制的动态演变。

7.2.1　金融成长的内生行为规制

如3.1所述,金融成长的历史渊源表明其内生于产业成长的需求,在不断的试错中构建了“完美”的秩序——“运用自生自发秩序的有序化力量,我们有可能达致一种由极为复杂的事实构成的秩序,而它的这种复杂程度则是我们通过刻意安排所无力企及的。”[235]这种内生行为规制“扩展了人们和平共处的可能性,亦即使他们互惠互利的范围远远超出了小群体的范围”,同时,“它使得大社会或开放社会的出现具有可能性。这种自生自发秩序的范围渐渐超出了家族、族群、氏族、部落、公国乃至帝国或民族国家等组织的界限,而且还至少为人们建立一个世界社会开创了一个开端”。而且,“早在人们意识到这种自生自发秩序的存在或理解它的运行情况之前,这种秩序就已经存在并在范围上不断扩展了。”[236]民间金融自古至今从未间断的事实就充分说明了这一点;现代国际金融市场上各国的金融工具趋同性特征是各国产业成长和金融成长对金融工具提出的共同要求;发展中国家政府构建的金融市场没有发挥相应功能即是忽视其内生性的表现。

7.2.2　金融成长的外部性与外部行为规制

内生的金融成长在突破范围限制的过程中,其外部性显现出来:生产力的进一步发展,导致商品交换突破原有的狭小范围,统一度量货币成为必要;金融机构的自由设立制度使得银行券的发行量和种类不断增加,良莠不齐的银行体系开始出现丑闻,统一货币发行成为必要。另外,商品的价值形式以货币价格表现出来,货币由此可能产生独立运动,从而在一定程度上脱离商品的价值,货币的虚拟性出现;信用制度出现后,货币的流通手段职能也可以由观念的货币来执行,货币实现了虚拟化。同时,金融工具种类的增多使金融的虚拟性表现出来,而金融机构负债经营的特点使金融发展面临道德风险等。金融发展的外部性需要外部行为规制,而政府具有天然的优势,运用国家机器强制实施市场准入制度、信息披露制度、市场退出机制、法律惩罚等。这种外部规制显然是为了确保内生的金融规制会长期持续下去,是为了实现金融成长而经由意志行为刻意创制出来的。“一种外部秩序的目的必定是为了实现特定的目的或实现某一特定序列的目的；此外，在该秩序的组织者能够有效控制这些手段（或资源）之用途的范围内，他也能够使这种安排比较彻底地与他的意愿相符。”[237]显然，外部行为规制既是对已经存在的内生的金融规制的保护，也是为了实施内生的金融成长的相关行为准则。那种认为完全依靠市场力量发展金融的看法是站不住脚的。

另外，现实中，内生行为规制并不能成为我们所期望的自发解决社会群体所面临的所有协调和冲突问题，它需要一个已经存在的制度安排（外部行为规制）来保证其被个人所接受，即内生行为规制需要外部行为规制来实现。

因此，作为外部行为规制的化身——政府，在金融成长中是必要的。政府行为参与金融成长最初目的即是维护社会稳定，保护和维持金融成长的内生行为规制。然而，政府很快就发现，控制了金融就控制了社会财富，从而政府更多扩大金融成长的公共品属性——国家金融安全，偏好于干预金融成长；而社会经济的发展也在自发地调整资源分配，由此产生政府控制与社会反控制的博弈关系，产生金融约束、金融抑制与金融深化等金融制度，满足政府追求金融剩余最大化的需求，从而实现产业成长。

7.3 金融成长与政府干预的契合点、突破点

金融内生成长所形成的内生行为规制并不是一成不变的，它在不断的“自我调整”中构建了“完美”的秩序，这种秩序被大多数国家和地区所接受并且共同遵守，成为一种潜在的惯例，既促进了金融业本身的发展，又促进了产业成长。但金融成长的外部性必然要求具有超越金融体系的外部力量——政府来规范金融交易，外部行为规制经由政府意志刻意创制出来。因此，内生行为规制是基础，是交易的基础，是权力的基础。内生行为规制的形成，促进了金融工具的创新，扩大了金融机构的发展，延伸了金融功能的范围，从而导致金融成长。同时，内生行为规制的形成，产生了权力的基础——作为外部行为规制化身的政府行为成为必要，而外部行为规制的存在是有条件的、有约束的，是为保护和维持内

生的行为准则而存在。另外,对政府行为的相关研究表明,政府是一种组织,以实现政治目标为首要责任,以经济职能和公共治理职能的实现为保证,政治合同的模糊性为政府行为提供了便利。同时,政府行为又是一个动态的概念,意识形态和个体的认知水平贯穿于政府行为的整个演变过程[238]。因此,政府行为在金融成长中的契合点在于政府收益最大化下的金融与产业成长,即政府收益与金融和产业成长的均衡点。相应地,突破点在于调整政府行为以使外部行为规制适应内生行为规制从而达到契合点。如果外部行为规制"缺位"(政府行为不能有效保护金融成长的内生行为规制),则应加强政府行为;而超越该边界,即外部行为规制的"越位"(政府过多干预金融成长),则极易造成对内生行为规制的伤害,对政府行为约束成为必要。世界各国金融成长的动态演变过程表现为实行金融深化和金融约束的交替更迭,正是内生行为规制与外部行为规制的有机结合。反之,政府的"无为"或过多干预则导致金融衰退。

然而,现实中外部行为规制往往掩盖了内生行为规制。政府作为立法者、裁定者和执行者,使得人们通常认为政府(外部行为规制)确立了金融成长(内生行为规制),而且一旦相关金融成长规制确立,人们在有意识地获致它之前已隐含于一般金融成长的规则之中,并且与各个体的独特性相结合。因此,外部行为规制往往掩盖了内生行为规制,使得政府干预金融成长成为必然的信念。另外,二战后政府干预经济的理论和实践、金融全球化等更加强了政府干预金融成长的信念。

7.4　政府行为干预金融成长的经验分析

美国被认为是市场经济的楷模,而日本则是政府干预金融成长并取得较好成绩的国家,因此,本书选择这两个国家金融成长中政府行为加以分析,希冀从中得到启发。

7.4.1　美国:解决违规行为最大化

美国人民的价值观念使得人民普遍认为政府是"必要之恶",政府行为的危害大于私行为，人们更应该关注政府行为。1776 年出版的亚当·斯密《国富论》为同年建国的美国建立自由竞争的市场机制提供了理论依据；而“整个美国政治史上汉密尔顿主义者和杰斐逊主义者之间的一场旷日持久的斗争的后果是：金融业将在一个权利真空中发展，它所仅有的领导机构和调节机制只会来自于它的内部，作为一个金融市场，比世界上其他的市场要自由得多。”[239]在自由竞争市场机制中，金融成长依靠自律机制：如 1792 年《梧桐树协议》、19 世纪 70 年代自律监管条例、诚信为本的理念等，而政府对于经营方式和财产的管制：如 1836 年《铸币流通令》、1863 年《国家银行法》、1913 年成立联邦储备体系等均是为抑制泡沫经济而颁布，即提供金融成长的外部制度，保护金融成长的公共属性。因此，从美国建国至 1933 年，由于美国人民价值观念以及当时政府在国际、国内的经济实力，总体来看，这一时期政府干预金融成长的意愿并不强烈，干预的方式依靠立法的形式保护金融成长的正常运行。

在 20 世纪初，美国政府增加了干预经济活动的趋势。然而，政府大规模的介入经济干预并被民众普遍认可是自 1933 年起的“新政”的实施，不可避免地意味着要扩大政府的监督、控制和主动性。但“新政”所包含的意义就是“混合经济”，是一种为了保证实现和延续经济增长而大量政府干预的私人资本主义制度在美国的开创[240]。路易斯·哈克（1938 年）说道：“新政”的新元素是促进不干涉主义的衰落和代之以公众管理资本主义的基础[241]。

二战后，美国政府推动建立美元等同于黄金的布雷顿森林体系，并成立关贸总协定（WTO）、IMF 等国际经济组织保证美国利用金融对世界其他国家的政治经济干预合法化。事实上，政府干预达到了降低经济波动的效果，但并不去干预企业的具体经营活动。而且，政府在不同时期干预的侧重点也不同：1933 年实施《银行紧急救助法令》、《联邦证券法》、《1933 年银行法》；20 世纪 30 ~ 70 年代，政府实行安全优先的金融管制；20 世纪 70 ~ 80 年代，政府实行效率优先的放松金融管制；20 世纪 80 ~ 90 年代，政府实行安全与效率的审慎金融监管；1991 年《加强对外国银行监管法》、《联邦存款保险公司改进法》；《1999 年金融服务现代化法》、2002 年颁布萨班斯法案，政府进一步加强金融监管。尤其值得关注的是，2007 年的次贷危机引起世界性的金融危机，引发了美国政府对金融成长的全面干预。正是由于政府对金融成长实施放松管制和强化管制措施的合理搭配和适时调整，才使得美国成为世界上金融活动最为活跃，而金融监管又最为严格、深入和有效的国家[242]。

可见，进入20世纪，美国政府干预金融成长的意愿不断增强是与民众接受并认可政府干预为前提的，同时，美国成为金融资本主义使其金融成长已不再是美国本身的问题，而是世界性的问题；美元特权地位和其完善的金融市场为政府以最小的成本干预金融成长提供了便利工具。

值得特别关注的是，美联储为私人银行组成，独立于政府机构，直接向国会负责，其三大职能是制定和实施货币政策、监管银行和提供支付清算系统制度设计。货币政策的实施主要依靠公开市场操作，对美联储的监管手段有很多限制。如对美联储用什么样的抵押品为基础向金融机构提供融资有严格的规定；通过现场监管、非现场监管和持续监管对银行实施严格的监管；对检查人员的培训学习相当重视；对违规银行的惩罚也相当严厉，甚至致使银行破产；美联储的援助对象主要为商业银行等。这些制度设计保证了银行监管的合法性和有效性。一级交易商或投资银行受美国证券监管委员会的监管。2007年次贷危机的进一步深化，美联储突破传统的制度和政策限制，向金融机构（包括投资银行）增加流动性供给——虽然有各种评论（如构成对“华盛顿共识”的讽刺），但毕竟稳定了美国的金融市场。这也反映出美国政府干预金融成长的意愿加强和适应社会经济变化在不断调整。

7.4.2　日本：政府干预意愿由强到弱

日本明治维新建立了资本主义经济制度，政府一开始就确立了赶超欧美的战略目标，极力推行“自上而下工业化”，但当时私人持有资产并不充裕，银行存款积聚不足，因此，政府具有极强的干预金融成长的意愿，而且在当时干预的收益显然大于成本。政府于1872年颁布国家银行法：对利息收入实行税收优惠，允许资金贷款者从税前利润中勾销利息支出，通过银行来集聚小额储蓄，银行的准入和退出比较宽松，从而建立了日本以间接融资为中心的现代金融体系，并由此形成日本金融业长期存在的超额贷款特征。

战后,日本通产省制定了产业政策,依靠整套的资金帮助和保护措施包括外汇管制、对目标产业提供资助(低息贷款)、税收优惠、进口限制等实现产业政策。政府仍然具有很强的控制金融成长的意愿:政府实行的投资引导的高速增长政策和人为低利率政策为产业成长提供了充足的资金保证。在支持产业成长的过程中,日本金融结构的四大特征得以形成和巩固:超额贷款、超额借款、银行流动性的不平衡和占主导地位的间接融资。四大特征成为日本金融成长的重要特征和进一步发展的制约因素。对企业主要资金来源——银行贷款进行事实上的管制。政府实行严格的银行准入和退出制度,银行业务给予限定,由此形成城市银行对大企业贷款、地方银行对小企业贷款,形成稳定的银企关系,并实现了银行和企业之间的内部监管机制,构成官民协调的金融体制,政府、银行、企业三位一体,相互协调。经济的持续、快速发展表明政府干预金融成长的收益大于成本。

然而,进入 20 世纪 80 年代日本政府干预金融成长的意愿减弱,干预成本增加:日本产业在国际市场上极强的竞争力使得政府不必再完全干预金融成长。同时,新的国际国内环境使得政府干预金融的成本在加大:金融全球化改变着经济运行的游戏规则;金融全球化使人为的低利率政策的维持成本骤增;资金分配错误现象突出。在金融自由化过程中,政府对银行的监督能力下降,"银行不破产"的神话破灭;表面解决美国巨额贸易逆差的"广场协议",实际是为了打击美国最大的债权国——日本,日本进入了长达 10 多年的衰退;日元国际化的举步维艰制约着日本产业成长。

7.4.3 政府行为干预金融发展的动态演化机制

由典型国家美国、日本金融和产业成长中的政府行为演变历程可以总结出政府控制金融成长的动态演变机制。

1. 政府干预金融成长的时间选择、干预强度

政府干预金融成长的时间选择、干预强度是与政府干预金融成长的意愿直接相关。而政府的控制意愿来自于政府控制资源和风险防范的意愿。一般而言,在社会经济自由发展时期,民众的思想意识倾向于自由竞争,认为政府是"必

要之恶”。但随着金融成长的外部性日益突出,政府防范风险的意愿加强,同时政府利用金融控制来控制社会资源,解决社会经济发展中的矛盾,此时政府控制金融成长的意愿强烈。尤其是二战后的发展中国家急于实现经济发展,控制金融成长的意愿非常强烈,因此大多表现出金融约束。但政府对于控制的强度如何却处于混沌状态,处于探索阶段,长期的干预带来的社会矛盾迫使政府逐步放弃金融干预,实行金融自由化;而金融自由化带来的消极影响如社会贫困、金融体系的脆弱性等又要求政府干预。对于发达国家,经历了长期的市场经济运行,已形成完善的金融体系,政府干预更多是出于金融风险防范;而美国政府的干预还涉及对国际事务的干预,即“美国人民视金钱为改进生活方式和扩大行动自由范围的手段,但同时也视其为改善别人的生活和扩大别人的自由的范围的手段,这也是根本的一点。”[243]

2. 政府干预金融成长的动态演变机制

一国金融成长初期,政府行为处于混沌状态,内生于经济发展的金融成长的外部行为规制也未完全确立:法治水平低下,社会信用环境差、微观规制的狭小性,使政府行为干预金融成长处于摸索阶段,此时金融成长更多表现为金融约束;随着社会经济的发展、有效的信用激励和失信惩戒制度的建立以及法治水平的提高,政府利用法规进行微观规制、保护信用环境;而社会经济的发展也使得政府干预金融成长的意愿减弱,此时金融成长更多表现为金融自由化。金融自由化所带来的社会危害很快就引起政府的关注,此时政府干预金融成长的意愿再次趋强,但此时政府的干预更多是出于防范金融风险,金融成长表现为金融约束。然而,此时的金融约束并不是上一次的重复,而是一种扬弃,是政府行为在法治的前提下的干预,政府行为透明、干预手段利用市场机制,从而保护微观规制和社会信用环境,保证和维持金融成长的内生行为规制的准则。

3. 政府干预的契合点和突破点

政府行为在金融成长中的契合点是政府收益最大化下的金融成长;突破点是不断调整政府行为以使外部行为规制适应内生行为规制,从而达到契合点。政府在法制的前提下保护信用环境和微观规制,从而保护和维持金融成长的内生行为规制。美国在19世纪缺少证券监管和银行监管的相关法律导致立法官员竞相订立和随意篡改股市规则，而当时的政治报酬体制注定其官僚体系既无能又贪婪。经过股市的剧烈震动之后，金融机构最终以自律机制保护了微观规制和社会信用环境，同时迫使政府颁布相关的法律，约束政府行为，保护金融成长的秩序；拉丁美洲同样由于法制的不健全导致社会腐败，金融成长的秩序遭到破坏。政府行为的法制化和微观规制的有效性、信用环境的不断完善是金融发展的外部秩序。

7.5 中国金融成长中政府行为的评价

建国后中国处于较低的经济发展水平，决定了中国金融与产业的低水平。然而低水平的金融成长却保证了国民经济的稳定运行，并且在改革开放后维持了中国产业的长期增长，这与作为外部行为规制的政府行为密不可分。

7.5.1 中国金融成长中政府行为的动态演化机制

1. 2000 年前政府控制金融成长的强烈意愿与困境

新中国成立以后，我国建立高度集中的计划经济体制，与之匹配，政府构建了单一的金融体系。这种单一的公有金融产权制度从一开始就限定了银行组织利益追求社会收益最大化[244]。经济体制改革之后，单一的国有银行体制转变为多家专业银行并存的体制，中国证券市场规模从 1992 年起加速扩展。这种扩展使国家获取了支配金融资源与金融剩余的巨大收益——因为国家支配金融资源的能力是国有金融体制扩展的增函数。此时国家对金融资源的控制意愿如此强烈，一是因为国家自身要维护和扩张其垄断金融产权边界；二是改革以来财政能力的迅速下降进一步增强了国家控制金融的迫切性[245]；第三，20 世纪 90 年代多次发生的金融危机对东道国及相关国家的破坏力也加强了政府控制金融的意愿，以保护国内金融体系的稳定。可见，中国政府控制金融成长的强烈意愿来自于对资源的控制和对风险的防范。

政府控制金融成长除了与其控制意愿直接相关外，还要考虑政府控制金融的成本和收益。就中国政府干预金融成长的成本和收益问题，不同学者有不同的考察方法,虽然成本和收益的交点时间不同,但一般认为20世纪90年代前中国政府干预金融成长的收益大于成本。那么,政府为何在90年代后仍未放弃金融干预?这是因为对中国而言,政府放弃控制金融的成本也很大:以居民储蓄存款替代财政给国有银行注资;国家通过国有银行替代财政给国有企业注资。一旦国家放弃控制金融,国有银行是无法应对挤兑风险的,因此,国家控制金融的成本与放弃控制的成本都很大[246]。

2. 2000年后,金融全球化下的政府控制金融成长的新际遇:外部行为规制的回归

20多年的渐进式改革,中国的社会经济结构已悄然发生巨变。

非国有经济部门占据主导地位,并且其经济结构由劳动密集型和资源密集型向技术(知识)密集型转变,在地方政府激励中成长的非国有银行、民间金融机构、正在逐步完善的金融市场为企业成长提供了必要资金;制约国有银行改革的国有企业经过股份制改革,现代企业制度初步确立;国有商业银行经过长期的酝酿,"自己与自己交易"[247]向不同金融产权交易过渡;曾作为银行储蓄替代的证券市场也在进行着深刻的变革:设置中小企业板块、股权分置改革、证券监管由批准制到审核制等。

显然,政府控制金融成长的意愿减弱。金融全球化背景下,经济交易方式的变化内在地要求政府实行金融开放,改变金融控制。首先,我国实体经济竞争力的不断提升,呼唤在国际市场的商品定价权。逐步开放和健全金融市场成为政府发展金融的选择,政府开放金融从而逐渐放弃控制金融的意愿越来越强烈。第二,中国国力的提升和巨额的外汇储备已使人民币汇率不再是中国国内问题,已上升至国际政治经济地位,政府干预外汇市场成为他国口舌;人民币成为国际货币所带来的巨额收益诱导政府追求人民币的国际化,而这需要政府开放金融。同时,金融监管迈向国际化要求政府开放金融。第三,中国加入WTO所作出的承诺要求政府实行金融开放,而政府利用金融开放以激励国内企业和金融机构从而提升竞争力。

在政府金融开放意愿趋强之时,困扰政府放弃金融控制的成本问题也得以有效解决。不同金融产权交易的初步形成以及国家实力的不断增强已有效解决

放弃成本问题,金融体系的多元化和金融市场的不断完善为政府间接控制金融提供了工具和渠道。因此,政府自然会选择放弃金融控制。

然而,政府金融控制的意愿减弱并不等于政府放弃金融干预。由于政府干预的路径依赖,对金融交易的干预仍然存在。如政府对股市涨跌的干预、对违规行为的不了了之等,更重要的是对政府干预没有法律约束。另外,我国缺少有效的信用激励和失信惩戒制度也造成政府干预金融发展的不恰当。

可见,在金融全球化背景下,经济交易方式的变化内在地要求金融成长;政府控制金融的意愿减弱以及政府放弃控制金融的成本问题的有效解决,使政府放弃金融干预已成为必然选择。需要指出的是,政府放弃金融干预并不意味着政府的完全退出,而是政府行为的一种回归,即维持和保护金融成长的内生行为规制。政府行为对金融成长和产业成长起到了重要作用。

7.5.2 中国金融成长中政府行为评价

1. 政府实行的金融约束促进了产业成长,实现了政府效用

(1)政府行为干预金融成长保证了国民经济的稳定运行。为了实现优先发展重化工业的战略目标,与高度计划经济体制相配套,政府实行高度集中的金融体制,垄断全国金融资源,帮助政府实现了战略目标,并且保证了国民经济的稳定发展。改革开放后,金融结构的"二元化"保证和加快了产业的快速成长,提升了中国的国际竞争力。

(2)政府行为干预金融成长降低了企业筹资成本,维持了中国产业成长。中国从政治体制来看,政府具有很高的信誉度,而且中国多年来实行的计划经济体制和政府对金融资源的垄断、政府对企业贷款的隐性担保等都使得银行能以极低成本筹集资金;同时政府的金融约束本身也实行低利率政策。因此,尽管以国际标准判定我国银行资产负债率低,但银行以低成本筹集到资金再以低利率贷给企业,降低了企业成本,提高了产业竞争力。因此,政府的隐性担保保证了我国的产业成长。

(3)政府行为干预金融成长在短时间内建立了完整的金融体系,极大地促进了中国金融成长。如前所述,产业成长对金融成长提出要求,而政府在其中扮

演了积极的构建金融体系的角色。从金融机构看,政府建立了政策性金融机构和商业性金融机构,批准股份制银行机构和外资银行的建立,完善基层信用社体系;从金融市场看,建立和不断完善货币市场(如商业票据、大额可转让存单、国库券等)、资本市场(如股票市场、债券市场等)、外汇市场(远期外汇、期权等);从金融工具看,各种金融工具在政府推动下不断创新(如1985年,中国人民银行和中国工商银行下发了《商业汇票承兑贴现暂行办法》和《商业汇票承兑贴现会计核算手续》两个文件,鼓励工商企业之间的商业信用实行票据化)。

2. 外部行为规制(政府行为)的"缺位"与"越位"同时存在

(1)外部行为规制的"缺位",即政府行为不能有效保护金融成长的内生行为规制,表现为立法的主观性和滞后性。外部行为规制的重要职责就是将内生行为规制具体化,保护和维持其行为准则。问题的出现更多是因为,政策往往是由少数人制定的,其知识存量、意识形态、信息不充分等必然导致立法的主观性;而且立法的程序也使得立法往往滞后于实际的经济变化。如我国先有股份公司,后有公司法;先有证券交易所,后出台证券法。再如,"我国的《票据法》规定:'票据的签发、取得和转让,应当遵循诚实信用的原则,具有真实的交易关系和债权债务关系'。事实上,在我国目前的票据市场中,存在着大量的、经过'技术处理'的融资性票据,这些融资性票据的存在既反映了市场对这种票据的迫切需要,也反映了票据真实性要求的局限性,修订《票据法》成为需要"。[248]

(2)外部行为规制的"越位",即政府过多干预金融成长的内生行为规制,表现为忽视内生行为规制基础作用,外部行为规制掩盖了内生行为规制。政府具有干预金融成长的偏好,如内生的股票市场由于政府的"配额制"及"审核制","政策市"现象突出[249];政府的隐性担保使得银行特许权价值与中国上市银行风险为负相关,这是当前《商业银行法》严格限制银行业投资行为的结果[250];国家为了提升商业银行的竞争力,采取的剥离不良资产、注资等措施只是将信用风险由银行转嫁给货币当局,最终由全社会买单[251];在公司债券市场,发债企业得到的担保越多,它所选择的投资项目风险越大[252];政府主导股票市场的结果是扭曲了投资者行为,加大了市场"泡沫",并为利益集团寻租创造了条件[253]等。显然,政府努力构建的金融体系具有主观性和示范性。作为外部行为规制的政府行为超越了保护和维持内生行为规制的范围。金融成长成为一种政绩，而金融的功能却被忽视。

另外，中国多年来实行的计划经济以及政府所拥有的政治权力使得政府在资金融通和分配过程中占有绝对支配地位；金融全球化又迫使各国政府以民族利益为重参与国际竞争；中国加入 WTO 后于2006年底全面开放金融业要求政府帮助金融业参与竞争等。因此，政府在中国金融成长的过程中表现出较强的政府干预偏好。

3. 中国金融成长中内生行为规制的作用和缺失

（1）金融成长形成的内生行为规制促进了外部行为规制的完善和发展。如前所述，中国产业成长所需产生的股票、债券、外汇等交易促使政府填补金融法律、法规空白，如票据法、商业银行法、公司法、证券法等颁布实施；相应的组织和机构成立如证监会、银监会、保监会等；金融全球化和中国开放金融业迫使政府积极参加国际金融组织和积极参与相关国际金融规则的制定，既促使国际条约有利于我国金融成长，又促使国内金融业不断改进接受国际规则。因此，内生行为规制促进了金融法律、法规、组织、机构等这些外部行为规制的确立和完善。

（2）中国金融成长中所形成的内生行为规制存在着“缺失”，表现在金融成长中金融功能的不完善。

①在目前金融业准入制度下，地方金融机构和民间金融机构始终在当地生存、发展，难以形成大范围、跨地区的全国性金融机构，其运行过程中形成的内生行为规制难以突破小群体；而且由于转轨过程中整个社会信用机制的不完善，地方金融机构和民间金融机构缺少自律机制，这也是作为外部行为规制的政府行为制约内生行为规制的原因。

②政府主导的完整金融体系的建构，是在各金融市场未完全发育成熟时进行，因此各市场的金融功能缺失，导致内生行为规制的缺失。总体来看，金融市场的参与主体不完整，国有金融机构占统治地位，为数众多的中小金融机构被排斥在外，不能反映资金的真实价格；歧视性贷款政策和商业银行的逐利性导致中小企业融资难和广大农村地区的民间金融蔓延；居民个人储蓄持续增长反映了居民投资渠道的不畅；各种金融工具的创新大多并没有达到预期目标。因此，金

融功能缺失，导致内生行为规制的缺失，外部行为规制掩盖了内生行为规制。

7.6　结论及政策建议

7.6.1　结论

从以上分析可以看出，一国的金融发展是其本身内生行为规制和外部行为规制——政府行为合力的结果。我们有如下结论：

(1)内生行为规制是基础，其本身在经济发展过程中通过不断的“自我调整”而达到完美的秩序；外部行为规制是保护内生行为规制和维持其行为准则，同样随着内生行为规制的变动而调整，二者共同构成一国金融成长的动态演变机制。政府必须正确认识到内生行为规制是基础，外部秩序保护和维持其行为准则。

(2)作为外部行为规制的化身——政府行为，在金融成长中是必要的。政府行为参与金融成长最初目的即是维护社会稳定，保护和维持金融成长的内生行为规制。政府作为外部行为规制的化身，以法律制度保护信用环境和微观规制。然而，政府很快就发现，控制了金融就控制了社会财富，从而政府更多扩大金融成长的公共品属性——国家金融安全，偏好于金融成长干预；而社会经济的发展也在自发地调整资源分配，由此产生政府控制与社会反控制的博弈关系，产生金融约束、金融抑制与金融深化等金融制度，满足政府追求金融剩余最大化的需求。

(3)政府行为干预金融成长的程度取决于政府控制金融的意愿以及政府控制金融的成本和收益。一般而言，当政府控制金融的意愿强烈，而且控制金融的收益大于成本，则该国实行较严格的金融控制；当政府控制金融的意愿减弱时，在放弃成本可以解决时，政府即逐渐退出控制。因此，政府行为在金融成长中的契合点是政府收益最大化下的金融成长；突破点是不断调整政府行为以使外部行为规制适应内生行为规制，从而达到契合点。

7.6.2 政策建议

1. 政府应提供清晰的外部规制

政府提供的外部规制清晰可行,则可降低交易主体对未来预期的不确定者,成为交易主体自觉遵守的行为准则,政府只是依照规制规范交易行为,此时外部行为规制内化成内生行为规制。

(1)发挥金融功能的效用优于单纯的市场构建。我国的金融成长实际上是政府积极倡导的赶超型发展,自然使得具有内生性的金融成长较难发挥其金融功能,金融功能的不健全导致目前许多不规范的金融交易。金融功能完善发挥,资源配置等相关问题则迎刃而解。

(2)我国外部行为规制既存在"缺位",也存在"越位",因此金融法律的前瞻性需解决;而政府职能演变的理论和相关经验分析都为中国政府提供了很好的借鉴。但不能否认政府对金融成长的干预。重要的是厘清政府职能和政府干预领域,政府职能是法制管理,而不是业务管理。即政府应在金融业的准入、退出等规则的制定、违规案件的处理等实施其职能,而不是干预金融业的具体业务风险。

(3)内生行为规制与外部行为规制共同构成了中国金融成长的动态演变机制,那种认为政府退出金融成长,实行金融深化即可解决一切问题的观点是片面的;同样,认为政府仍应维持金融约束也是值得商榷的。

2. 正确理解金融深化与金融约束

麦金农和肖金融发展理论的核心思想是主张实行金融深化,促进经济发展。由此,许多学者认为政府应实行金融深化,一切金融问题自动解决。事实上,金融深化并不是政府完全放手不管,而是在政府许可的范围内通过市场资金供求来决定利率高低。即使在金融市场比较完善的发达国家也存在政府干预,只不过主要是间接调控而非直接干预。过度金融自由化已引起人们越来越多的关注。金融约束的前提条件是要有一个稳定的宏观金融环境,通货膨胀控制在较低的水平且可预测性强,政府通过金融约束提供租金,从而促进金融业的成长。然而,金融约束降低货币政策传导机制;长期存在金融约束,则起到保护垄断的作用。金融约束、金融抑制、金融深化三者是一个内在的动态演变过程，政府作为外部行为规制的制定者和执行者，在各阶段均扮演重要角色，只是目标、方式、方法不同。

第8章　结论与展望

8.1　研究结论

本书主要研究结论如下:

(1)在金融成长的不同阶段,金融对产业成长作用的程度不同。当金融成长衍生与附加了商品定价权和金融资产定价权时,产业成长金融化成为现代经济发展的重要特征,商品定价机制和金融资产定价机制影响着资源配置的方向和效率;产融结合使金融对产业成长起到了加速器作用;实行金融优先发展战略将会加快一国的产业成长,提高国家的国际竞争力。

(2)在产权明晰、法治水平较高、社会信用环境良好和微观规制有效的前提条件下,金融成长与产业成长形成合理的匹配关系,资源得以优化配置。

(3)对中外历史数据的实证检验表明:中国金融和产业均呈现良好的成长特性,二者具有互动关系;中国特定的经济体制使得中国金融业快速成长,但金融对产业成长的资源配置关系有待进一步改善。

(4)基于产业成长金融化的趋势,我国应实行金融优先发展战略,改善金融成长的外部环境,构建产业成长的金融服务平台。

(5)通过界定政府行为在金融与产业成长中的边界,指出政府应提供清晰的外部行为规制。

8.2　进一步研究

受篇幅和时间所限,许多问题尚未展开充分的论述,需进一步深化和扩展:

(1)产业成长金融化条件下的中国金融成长模式。金融全球化和经济全球化使得产业成长金融化成为经济发展的重要特征,本书提出金融优先发展战略,改善金融成长环境,构建产业成长的金融服务平台。沿此思路,进一步分析政策搭配、金融制度的前瞻性等问题。

(2)金融结构与产业结构关系。金融结构影响着企业投、融资,从而影响着产业结构和产业规模。对该问题的研究将进一步揭示金融成长与产业成长内在机理。

(3)产融结合所具有的金融对产业成长的加速器作用。金融资本和产业资本的有机融合的内在动因、运行机理以及对产业成长所具有的加速器作用的进一步研究,将会对我国新兴产业成长,提高产业竞争力具有重要的现实意义。

(4)量化中国金融成长与产业成长匹配关系结合点。利用计量方法界定二者的匹配点,对于中国金融成长保证和加快产业成长,同时又防止金融泡沫具有重要的现实意义。

对金融成长与产业成长内在机理的研究目的是探索中国金融成长模式,保证和加快产业成长,提升国家的国际竞争力。本书所做的研究以及进一步的研究将提供一定的理论参考和决策依据。

附 录

附录1 分产业、分年度产业成长综合指数

年份	煤炭开采和洗选业	石油和天然气开采业	黑色金属矿采选业	有色金属矿采选业	农副食品加工业
1992年	0.0262858	0.0177921	0.0051596	0.0005918	
1993年	0.0211741	-0.000821	-0.01982	-0.031291	0.0285882
1994年	0.4364842	0.4728892	0.4086328	0.4603728	0.1704744
1995年	0.4212425	0.5086831	0.3666495	0.5533377	0.0835227
1996年	0.450089	0.4667786	0.4984076	0.4027506	0.1029659
1997年	0.415434	0.5214014	0.3896646	0.451465	0.8492649
1998年	0.3341665	0.4708542	0.4270393	0.3086032	0.1057363
1999年	0.3015376	0.4700127	0.28151	0.4586607	0.1316165
2000年	0.2821114	0.7945485	0.5950758	0.5473922	0.1573189
2001年	0.3345508	0.5282026	0.4618123	0.336195	0.1212065
2002年	0.3882972	0.51668	0.5470444	0.4550933	0.158404
2003年	0.4062709	0.6082234	0.740688	0.5314853	0.1768034
2004年	0.6385252	0.798554	0.9816337	0.992251	0.2245653
2005年	0.6238846	0.8587424	1.1551369	0.9197408	0.2187308
2006年	0.625488	0.8623861	0.8624108	1.0946898	0.21813
平均	0.3803695	0.5263285	0.513403	0.4987559	0.1831552

附录1(续)

食品制造业	饮料制造业	烟草制品业	纺织业	纺织服装、鞋帽制造业	皮革、皮毛、羽毛(绒)及其制品业
0.0143827	-0.004363	0.0309071	0.0785925	0.0067915	0.0064755
0.0067354	-0.031567	-0.124019	0.0850555	0.0022598	0.0227565
0.5374966	0.6058454	-0.655905	0.4681771	0.8191363	0.8762187
0.4376421	0.5253752	-0.574162	0.2980996	0.6661984	0.7605551
0.4596452	0.5821719	-0.596427	0.3523849	0.7360548	0.8619311
0.1269603	0.8385825	-0.350771	1.0781094	-0.308025	0.5365366
0.4964876	0.5083403	-0.627337	0.3044327	0.8574184	0.8928531
0.4546168	0.4977031	-0.632192	0.3308504	0.7245049	0.9038242
0.4999822	0.5283855	-0.547117	0.4078639	0.7555702	1.0052823
0.5240008	0.4752143	-0.567984	0.3376601	1.0394291	1.0948716
0.5398548	0.5357403	-0.600387	0.3879123	0.7704852	1.1181465
0.5838634	0.5487243	-0.712714	0.4009891	0.8623738	1.2162859
0.7224683	0.6476297	-0.80238	0.527278	0.9896753	1.3186267
0.6905985	0.7234186	-0.81289	0.4973642	0.9613063	1.2794866
0.7621909	0.7929083	-0.841007	0.5169945	0.9551195	1.3439431
0.4571284	0.5182739	-0.560959	0.4047843	0.6558866	0.8825196

附录1(续)

木材加工及木、竹、藤、棕、草制品业	家具制造业	造纸及纸制品业	印刷业和记录媒介的复制	文教体育用品制造业	石油加工、炼焦及核燃料加工业
0.0076667	0.0067623	0.0064272	0.0153054	0.0010703	0.0153088
0.2643538	0.0061013	-0.013117	0.0148045	-0.007211	-0.02859
0.2685118	0.7074942	0.4359023	-0.579138	0.903775	0.5831829
0.2302149	0.6426646	0.4215193	-0.429608	0.7616791	0.5798128
0.4163126	0.6597424	0.4461652	-0.374009	0.8656134	0.4382788
0.4328744	0.4003252	2.0719952	0.0040045	0.2540293	2.414137
-0.067016	0.5978655	0.3443084	-0.509659	1.0262847	1.1894837
0.2785369	0.6413773	0.3498861	-0.411638	0.989706	0.3571289
0.362883	0.6685967	0.3632447	-0.390623	0.9711991	0.6196906
0.2743072	0.7225357	0.3544565	-0.441793	1.057107	0.4813371
0.2846316	0.7717969	0.3972901	-0.467063	1.0162329	0.5484861
0.3139616	0.7785337	0.4203146	-0.503242	1.147503	0.701978
0.573987	1.2036556	0.5689222	-0.748259	1.3547739	0.8352763
0.4475935	0.921697	0.4951441	-0.573174	1.2446361	0.8135843
0.5015513	0.9485777	0.5206681	-0.587749	1.272019	0.8416554
0.3060247	0.6451818	0.4788751	-0.398789	0.8572279	0.6927167

附录1(续)

化学原料及化学制品制造业	医药制造业	化学纤维制造业	橡胶制品业	塑料制品业	非金属矿物质制品业
0.0168902	0.0152054	-0.009182	-0.005728	0.0101304	0.0339952
0.0191645	0.0443548	-0.05599	0.0052453	0.0097677	0.03987
0.4637781	0.3503778	0.5373041	0.7277345	0.5278131	0.3924775
0.4283846	0.326363	0.5528371	0.6674127	0.4530636	0.3015654
0.4403678	0.2781456	0.4290791	0.6780038	0.5093194	0.3245966
1.083195	-0.813471	0.3457873	0.4141016	0.8769559	1.1844286
-0.088407	0.5205062	0.3553231	0.597061	0.3620474	-0.212435
0.358591	0.2776403	0.4731522	0.5856546	0.4922992	0.2882088
0.3915862	0.2517525	0.5912228	0.6151412	0.5290727	0.3210904
0.4162427	0.3098202	0.4552338	0.6651347	0.5301796	0.3038533
0.4351378	0.3099701	0.572125	0.7285274	0.5568624	0.332167
0.5211223	0.3378081	0.7115935	0.7944409	0.5883363	0.3740666
0.6742902	0.3862988	0.7920983	1.0703136	0.8179869	0.5165864
0.6378338	0.4157439	0.830334	0.9618839	0.6520949	0.4424414
0.6428735	0.4394918	0.9217036	1.0330609	0.7239526	0.484646
0.4294034	0.2300005	0.5001748	0.6358658	0.5093255	0.3418372

附录 1(续)

黑色金属冶炼及压延加工业	有色金属冶炼及压延加工业	金属制品业	通用设备制造业	专用设备制造业	交通运输设备制造业
0.0211484	0.0153348	0.0077788	0.0264142	-0.004143	0.0273371
0.1550039	0.0614709	0.0802524	0.0341273	0.2384624	0.0744254
0.6048245	0.6343139	0.8053043	0.5999434	0.5732641	-0.328446
0.3609698	0.5857579	0.5755555	0.4786715	0.4072853	-0.230339
0.3359056	0.4276646	0.7046899	0.4739593	0.4698303	-0.205302
0.4291511	-0.204138	0.6735521	0.8426815	0.2752413	-0.643155
0.4269228	0.5718399	0.683117	0.4228496	0.3935757	0.1814794
0.366884	0.5097853	0.6659555	0.4312796	0.4180276	-0.206327
0.484859	0.6630865	0.7742954	0.4631978	0.5131316	-0.158313
0.4182953	0.4749136	0.7552659	0.5029541	0.4274368	-0.259908
0.5247121	0.5039639	0.8411124	0.5621165	0.5610359	-0.208656
0.7865479	0.6877692	0.8592651	0.6207573	0.5569845	-0.285531
0.9964246	0.930221	1.1824449	0.8677677	0.7313864	-0.42899
0.9556251	0.8853074	1.0412255	0.7707934	0.6767648	-0.404124
0.8926171	1.2038257	1.1303911	0.8368994	0.7800517	-0.347208
0.5173261	0.5300744	0.7186804	0.5289608	0.467889	-0.228024

附录 1(续)

电气机械及器材制造业	通信设备、计算机及其他电子设备制造业	仪器仪表及文化、办公用机械制造业	电力、热力的生产和供应业	燃气生产和供应业	水的生产和供应业	产业年度平均成长指数
0.0337176	0.0364657	0.0098966	0.1384972		0.0034686	0.0173501
0.0590214	0.0333198	0.0123033	0.0375469	-0.003755	-0.087231	0.035171
0.660779	0.7057264	0.5917039	-0.06483	-0.115409	0.2037504	0.4390612
0.5708646	0.6595607	0.4897203	0.0550913	0.0542052	0.3391578	0.3938041
0.5918564	0.7268003	0.5164749	-0.124182	-0.257459	0.2183418	0.3973412
0.291051	0.719857	-0.684335	0.0097908	0.108015	0.1886328	0.4164222
0.6593939	0.7039546	0.7812589	0.0679174	0.2255427	0.2324269	0.4019377
0.6071404	0.7917425	0.6031433	0.0110165	0.5987039	0.2368471	0.4038288
0.726408	0.7858636	0.6963463	0.0519295	0.1300018	0.1613359	0.4615152
0.6580122	0.9561394	0.6826033	-0.065791	0.1683814	0.0611227	0.4293201
0.7174081	0.9814384	0.7096485	-0.046546	0.1688631	0.1169826	0.4648257
0.7806954	1.1060416	0.837609	-0.113987	0.2285718	0.0617213	0.5225486
0.9650698	1.2686222	1.049867	-0.297514	0.2753814	0.0870034	0.6786471
0.9210111	1.3113648	0.9923155	-0.167399	0.2491142	0.0531042	0.6458552
1.0016204	1.409482	1.0520403	-0.239711	0.3265295	0.1290777	0.6901782
0.61627	0.8130919	0.5560397	-0.049878	0.1437792	0.1337161	0.4265204

附录 2　制造业行业分类及各个行业的融资依赖度

细分行业	外部融资依赖度	细分行业	外部融资依赖度
食品加工	0.14	医药制造业	1.49
食品制造业	0.14	化学纤维制造业	0.22
饮料制造业	0.08	橡胶制造业	1.14
烟草制品业	-0.45	塑料制造业	0.23
纺织业	0.4	非金属矿物制品业	0.04
服装及其他纤维制造业	0.03	黑色金属冶炼及压延加工业	0.09
皮革、毛皮、羽绒及制品制造业	-0.14	有色金属冶炼及压延加工业	0.01
木材加工及竹、藤、棕、草制品业	0.28	金属制品业	0.24
家具制造业	0.24	普通机械制造业	0.45
造纸及纸制品业	0.15	专用设备制造业	0.96
印刷业	0.2	交通运输设备制造业	0.31
文教体育用品制造业	0.18	电气机械及器材制造业	0.77
石油加工及炼焦业	0.06	仪器仪表及文化、办公用机械制造业	1.06
化学原料及化学制品制造业	0.16	燃气生产和供应业	0.33

资料来源：Raghuram G. Rajan, Luigi Zingales. Financial Dependence and Growth[J]. The American Economic Review, 1998, 88(3): 559-586.

注：煤炭开采和洗选业、石油和天然气开采业、黑色金属矿采选业、有色金属矿采选业、非金属矿采选业、通信设备、计算机及其他电子设备制造业、电力、热力的生产和供应业、水的生产和供应业这八个产业没有相关数据，均以 1 为外部融资依赖度。

附录3 资本配置平衡指数

年份	煤炭开采和洗选业	石油和天然气开采业	黑色金属矿采选业	有色金属矿采选业	非金属矿采选业	农副食品加工业	食品制造业
1992年	-0.896986	-0.859202	0.3321849	0.5639627	0.3045516	#DIV/0!	0.6545117
1993年	-6.773689	-2.285484	0.3561236	0.4325226	0.3215992	0.3757748	0.6549324
1994年	9.5671742	0.3628319	1.4540154	0.4491969	0.7062632	0.1964812	0.7010224
1995年	1.0741458	0.38042167	2.8139248	0.1745560	0.2984016	0.2897606	0.4398697
1996年	0.6069118	0.2041035	0.8513642	0.2035892	0.3270771	-0.71574	0.2528772
1997年	0.8610498	0.2937013	0.282247	0.0772445	0.1378242	-38.87592	0.3042127
1998年	-3.366087	0.2506868	1.7791504	0.0738168	0.2489652	#DIV/0!	0.5862705
1999年	-2.347613	0.1816619	1.5795535	0.1070006	0.2150124	#DIV/0!	0.290203
2000年	113.7469	0.1235615	0.8182633	0.1703088	0.2470662	0.1760381	0.2935825
2001年	0.6695975	0.2010284	0.3869373	0.1041029	0.1303786	0.1643572	0.1981762
2002年	0.412029	0.204289	0.223198	0.1393959	0.1163387	0.1943876	0.1938579
2003年	0.6134403	0.2622025	0.2301613	0.2507023	0.3103156	0.3138278	0.3088253
2004年	0.3169451	0.1656172	0.322373	0.1820407	0.4720815	0.4534624	0.5525262
2005年	0.3024607	0.1234471	0.410167	0.1728396	0.5478667	0.4879889	0.5640241
2006年	0.2600183	0.1057947	0.3455695	0.1077798	0.4325687	0.3643107	0.450575

附录3(续)

饮料制造业	烟草制品业	纺织业	纺织服装、鞋、帽制造业	皮革、皮毛、羽毛(绒)及其制品业	木材加工及木、竹、藤、棕、草制品业	家具制造业	造纸及纸制品业
0.108924	51.038118	0.4878054	0.0320609	0.2013594	1.4652652	0.115941	0.2651947
0.1431155	0.0850816	-2.233679	0.0596084	0.0703675	0.2079443	0.0435312	1.1796581
0.1549398	0.040157	0.2545501	0.0479511	0.111359	0.8640297	0.0469127	2.5973505
0.1158655	0.0119105	-0.1604410	0.0512062	0.0818381	1.3680181	0.19162645	0.1916447
0.1863	0.0117624	-0.075166	0.0478961	0.0348588	0.6137097	0.0312814	0.2119313
0.1474327	0.0209256	-0.164745	0.0410446	0.1154813	0.5555792	0.0592844	0.517132
0.048018	0.0084877	-0.10644	0.0388608	0.0682625	1.2983322	0.0724305	0.2240108
0.195832	0.0569092	0.0367879	0.0522753	0.0183709	0.073433	0.1434762	0.8174156
0.086298	0.0693553	0.0726173	0.0812267	0.0711555	0.1969442	0.1635913	0.4660331
0.126834	0.0158847	0.1476751	0.0727116	0.1108824	0.1554018	0.0763386	1.100008
0.1182062	0.021207	0.1409934	0.1205811	0.1075664	0.3452114	0.2709205	0.0925134
0.2062085	0.021349	0.2743157	0.1987749	0.1769573	0.4463897	0.3454313	0.2874872
0.3379915	0.0567778	0.5815364	0.3560195	0.242575	0.8369625	0.5296809	0.5721348
0.3195169	0.0422854	0.5107176	0.4066024	0.3064006	0.7444211	0.6100188	0.6404053
0.2492503	0.0390547	0.4189161	0.3244655	0.2514592	0.5532326	0.4643813	0.5008164

附录3(续)

印刷业和记录媒介的复制	文教体育用品制造业	石油加工、炼焦及核燃料加工业	化学原料及化学制品制造业	医药制造业	化学纤维制造业	橡胶制品业
0.0868816	0.132385	0.821511	0.5108956	0.100267	0.3953994	0.1562627
0.1066466	0.018203	0.2861369	2.290441	0.0980126	0.3868086	0.1298649
0.2352007	0.030028	0.5841329	0.7130378	0.1162832	0.4499124	0.2535425
0.2376862	0.016930	0.3592698	0.5551160	0.1089018	0.42960172	0.11212316
0.0598937	0.0098151	0.4458768	0.8987929	0.0521476	0.321274	0.2658542
0.0841417	0.0265676	0.4880175	0.6676813	0.090942	0.1534483	0.0429304
0.0794653	0.0082211	3.9581556	1.4502856	0.0403833	5.0164512	0.2528671
0.0547631	0.0100836	1.5827123	2.0860563	0.0996422	0.1053583	0.054956
0.0923221	0.0312297	5.5090874	0.5511333	0.1017943	0.0987188	0.1632516
0.1150904	0.0669191	-0.987413	0.3430399	0.0855922	0.6011522	0.271391
0.1643373	0.1039109	0.8228435	0.2655618	0.0434262	0.1847698	0.0636979
0.1874327	0.1232381	0.2626901	0.2094581	0.1944886	0.2528443	0.1700301
0.4764013	0.2250239	0.4926202	0.3077402	0.455953	0.6114345	0.5645973
0.5773015	0.3157722	-1.010302	0.4865738	0.4281338	0.7406426	0.3884852
0.4920815	0.3052861	-0.408371	0.4481852	0.4112723	0.5197156	0.3772347

附录3(续)

塑料制品业	非金属矿物质制品业	黑色金属冶炼及压延加工业	有色金属冶炼及压延加工业	金属制品业	通用设备制造业	专用设备制造业
0.1035381	0.1942177	0.1637705	0.325999	0.0977537	3.0348048	0
0.0952891	0.1209902	0.1454695	0.840122	0.0694668	0.072634	0.1502185
0.2304613	0.2340521	0.2846062	0.9720444	0.1935587	0.0897783	0.2018271
0.15233705	0.4758589	0.213043382	0.515732375	0.1297314	0.098741407	0.214324863
0.0910477	7.9350597	0.5847799	6.9566891	0.2089736	0.1255913	0.3254113
0.0930686	-2.053788	1.886371	38.592439	0.1997063	0.131958	0.1617515
0.0914699	-1.11137	0.4020893	-0.163466	0.0738299	0.1062885	0.3395665
0.3996071	0.2099319	0.9509285	0.1232506	0.1263162	0.1212703	0.1044553
0.1244673	0.2440723	0.0649522	0.1429599	0.0689471	0.0985862	0.1877289
0.166394	0.1328727	0.1047657	0.4560971	0.1123636	0.0962492	0.1544847
0.1485103	0.2352032	0.1997938	0.3265001	0.1655527	0.097015	0.1395639
0.249128	0.323903	0.1694865	0.5218067	0.2284504	0.1355204	0.3133385
0.5406081	0.598032	0.353137	0.3270396	0.3978914	0.2708529	0.4473864
0.4690316	0.7418955	0.4821567	0.3829606	0.5142495	0.3483582	0.4989545
0.3947558	0.5334722	0.3983461	0.1970872	0.4335563	0.2750744	0.3581197

附录3(续)

交通运输设备制造业	电气机械及器材制造业	通信设备、计算机及其他电子设备制造业	仪器仪表及文化、办公用机械制造业	电力、热力的生产和供应业	燃气生产和供应业	水的生产和供应业
0.1184772	0.0478022	0.166776	0.0710578	1.4526621	#DIV/0!	1.1671269
0.1558434	0.0670531	0.4009379	0.1502847	1.511089	-6.821792	1.181962
0.2278384	0.0956983	0.2040564	0.204647	1.3327064	-1.427988	1.5936063
0.2334102	0.0809392	0.125975356	0.203835639	1.29129632	-1.3754626	1.270422307
0.3478392	0.0700105	0.1304449	0.1659579	0.7807632	-0.856749	1.1661742
0.3770367	0.0782254	0.0906565	0.0937048	0.8564967	-0.818922	1.9886984
0.2088054	0.0535123	0.0666205	0.0960046	0.8553426	-1.537914	0.7988042
1.1112171	0.0566299	0.3128061	0.0052056	1.263843	-1.118362	0.7955628
0.1634814	0.0487991	0.123656	0.0779233	1.7923545	-3.5205	5.2576424
0.0989595	0.0667932	0.1356859	0.0724427	1.315879	-16.1176	6.9417401
0.0940135	0.0745245	0.2234555	0.1600551	1.3915492	-19.1006	10.076582
0.0928264	0.0924609	0.2253559	0.1924659	1.3145658	7.5414757	61.453233
0.2425394	0.201845	0.270311	0.2943667	1.2758091	3.2858362	16.296903
0.4559956	0.2600938	0.318963	0.2282654	0.8502185	2.2991023	-68.42641
0.319537	0.209314	0.2645585	0.1833697	0.616569	1.3718036	4.3611888

附录4 匹配关系偏离度

	煤炭开采和洗选业	石油和天然气开采业	黑色金属矿采选业	有色金属矿采选业	非金属矿采选业	农副食品加工业	食品制造业
1992年	0.0045987	-0.004001	-0.001247	-0.001822	-0.003643	0	-0.023145
1993年	-0.00241	-0.010945	-0.001278	-0.003003	-0.007777	-0.032918	-0.012411
1994年	-0.013833	-0.023194	-0.000525	-0.001868	-0.004162	-0.035099	-0.011125
1995年	-0.016017	-0.032186	0.0005947	-0.004983	-0.006582	-0.024071	-0.009089
1996年	-0.021846	-0.033136	-0.001755	-0.004224	-0.006442	-0.033065	-0.013276
1997年	-0.010323	-0.023186	-0.002345	-0.005625	-0.007771	-0.034352	-0.014589
1998年	-0.021138	-0.037273	0.0017113	-0.004894	-0.004457	-0.030544	-0.013024
1999年	-0.007631	-0.043085	0.0005018	-0.004788	-0.004741	-0.032617	-0.014582
2000年	-0.014149	-0.070139	-0.001672	-0.005286	-0.005086	-0.03598	-0.015621
2001年	-0.018744	-0.029719	-0.001816	-0.004351	-0.004048	-0.029993	-0.01318
2002年	-0.021814	-0.026478	-0.002206	-0.0038	-0.004	-0.029848	-0.013992
2003年	-0.01713	-0.018461	-0.002758	-0.00265	-0.003002	-0.028404	-0.011698
2004年	-0.026809	-0.037127	-0.00255	-0.003517	-0.002471	-0.02754	-0.009616
2005年	-0.028548	-0.042021	-0.002104	-0.003477	-0.001705	-0.024895	-0.008327
2006年	-0.030182	-0.045923	-0.003402	-0.005475	-0.0024	-0.027787	-0.0098

附录 4(续)

饮料制造业	烟草制品业	纺织业	纺织服装、鞋、帽制造业	皮革、皮毛、羽毛(绒)及其制品业	木材加工及木、竹、藤、棕、草制品业	家具制造业	造纸及纸制品业
-0.021034	-0.04434	-0.064941	-0.018529	-0.007205	-0.00219	-0.003242	-0.011557
-0.018588	-0.030928	-0.067446	-0.024248	-0.011393	-0.006145	-0.003633	-0.006536
-0.019899	-0.035472	-0.071195	-0.023289	-0.013035	-0.004068	-0.003816	-0.006775
-0.02034	-0.038744	-0.054114	-0.02172	-0.012555	-0.004532	-0.003083	-0.012348
-0.019725	-0.041073	-0.054094	-0.023736	-0.015038	-0.005591	-0.004275	-0.014396
-0.021821	-0.039961	-0.053731	-0.022462	-0.01355	-0.006769	-0.004254	-0.010804
-0.025711	-0.044936	-0.050019	-0.023701	-0.013076	-0.004104	-0.003455	-0.013366
-0.024342	-0.039213	-0.04976	-0.022581	-0.012656	-0.005367	-0.003013	-0.01243
-0.026784	-0.041144	-0.056762	-0.025855	-0.014442	-0.006509	-0.003805	-0.012821
-0.019919	-0.037991	-0.044862	-0.022743	-0.012864	-0.00615	-0.003865	-0.002345
-0.019051	-0.040428	-0.043054	-0.020294	-0.012811	-0.005046	-0.003302	-0.015731
-0.01527	-0.036767	-0.037242	-0.018667	-0.012388	-0.00453	-0.00316	-0.012192
-0.012097	-0.029964	-0.030729	-0.015675	-0.011333	-0.002903	-0.003112	-0.008893
-0.011355	-0.027376	-0.029804	-0.014006	-0.010216	-0.002931	-0.002781	-0.007486
-0.011962	-0.025197	-0.031401	-0.015586	-0.010576	-0.004198	-0.003454	-0.008459

附录 4(续)

印刷业和记录媒介的复制	文教体育用品制造业	石油加工、炼焦及核燃料加工业	化学原料及化学制品制造业	医药制造业	化学纤维制造业	橡胶制品业
-0.008153	-0.003985	-0.002384	-0.030522	-0.016679	-0.00219	-0.011922
-0.008566	-0.004963	-0.013474	0.0025724	-0.01511	-0.003406	-0.008923
-0.007071	-0.00514	-0.013552	-0.029831	-0.013938	-0.002195	-0.008527
-0.006557	-0.005782	-0.019671	-0.020268	-0.013706	-0.001047	-0.008598
-0.008592	-0.006633	-0.013513	0.0060375	-0.017495	-0.006447	-0.008542
-0.008314	-0.006369	-0.011084	-0.023326	-0.016863	-0.008433	-0.010173
-0.007821	-0.007161	-0.009842	-0.016522	-0.020145	-0.003692	-0.007951
-0.008324	-0.006332	-0.01333	-0.035607	-0.020492	-0.00704	-0.008587
-0.008345	-0.00704	-0.03356	-0.04421	-0.02623	-0.012289	-0.00977
-0.007313	-0.005986	-0.028666	-0.044944	-0.022462	-0.005231	-0.007259
-0.006797	-0.005636	-0.02318	-0.043642	-0.023784	-0.006613	-0.008422
-0.006305	-0.005413	-0.026772	-0.046827	-0.018347	-0.005272	-0.007629
-0.003596	-0.004666	-0.017016	-0.036821	-0.011135	-0.003438	-0.004875
-0.00278	-0.004141	-0.019311	-0.028264	-0.01141	-0.004411	-0.005487
-0.003205	-0.004206	-0.018872	-0.033116	-0.011997	-0.004777	-0.005633

附录4(续)

塑料制品业	非金属矿物质制品业	黑色金属冶炼及压延加工业	有色金属冶炼及压延加工业	金属制品业	通用设备制造业	专用设备制造业
-0.01415	-0.047665	-0.05662	-0.010406	-0.021403	0.0033785	-0.020247
-0.015448	-0.056256	-0.070374	-0.005833	-0.029074	-0.04338	-0.028994
-0.013506	-0.047879	-0.044533	-0.003651	-0.025385	-0.042739	-0.030253
-0.013775	-0.041275	-0.051159	-0.006028	-0.022779	-0.039336	-0.025572
-0.016912	-0.041706	-0.031038	-0.011775	-0.024483	-0.036372	-0.024391
-0.016821	-0.038785	-0.023402	-0.010254	-0.023675	-0.036736	-0.025314
-0.01588	-0.037747	-0.042256	-0.015778	-0.024245	-0.033205	-0.020346
-0.016617	-0.041827	-0.033246	-0.016858	-0.02332	-0.031654	-0.021087
-0.01953	-0.046832	-0.057914	-0.021708	-0.027137	-0.036816	-0.024339
-0.016018	-0.039248	-0.049548	-0.014238	-0.022874	-0.031784	-0.019966
-0.016719	-0.035074	-0.044357	-0.014367	-0.021967	-0.031735	-0.020696
-0.014263	-0.030376	-0.054863	-0.011801	-0.01851	-0.033005	-0.017491
-0.011073	-0.019256	-0.042981	-0.016794	-0.014931	-0.029778	-0.015004
-0.010784	-0.01783	-0.045258	-0.015689	-0.012542	-0.026386	-0.012351
-0.012833	-0.023225	-0.048985	-0.026245	-0.015674	-0.029898	-0.016425

附录4(续)

交通运输设备制造业	电气机械及器材制造业	通信设备、计算机及其他电子设备制造业	仪器仪表及文化、办公用机械制造业	电力、热力的生产和供应业	燃气生产和供应业	水的生产和供应业
-0.036895	-0.035384	-0.02049	-0.006898	0.1164975	0	0.0088336
-0.041653	-0.038041	-0.012151	-0.008179	0.0900461	0.0118251	0.0082193
-0.038888	-0.035928	-0.022391	-0.007711	0.1066269	0.004216	0.0077994
-0.039715	-0.035415	-0.032109	-0.007073	0.0772027	0.0036175	0.0078376
-0.032219	-0.037941	-0.025299	-0.007243	0.0765053	0.0051069	0.0067047
-0.031051	-0.037956	-0.033856	-0.006979	0.0615844	0.0021071	0.0102316
-0.042765	-0.042165	-0.047807	-0.008084	0.096081	0.0059067	0.0031441
-0.035452	-0.043396	-0.043842	-0.007669	0.0682928	0.0016342	0.0019623
-0.054131	-0.054937	-0.070605	-0.009262	0.0785178	0.0013483	0.0040983
-0.051429	-0.045337	-0.058587	-0.007658	0.0521532	0.0009591	0.0076138
-0.058009	-0.044357	-0.058287	-0.006681	0.042689	0.0018578	0.0030751
-0.06034	-0.044036	-0.066253	-0.008594	0.0243749	0.0040582	0.0065876
-0.042415	-0.040359	-0.061029	-0.007764	-0.002018	0.0006709	0.0033518
-0.032609	-0.038264	-0.060054	-0.007777	-0.012739	0.000749	0.0031245
-0.037741	-0.041671	-0.062354	-0.008716	-0.022495	-6.92E-06	0.0019599

参考文献

[1]　[175][176]道格拉斯·C.诺斯.制度、制度变迁与经济绩效[M].刘守英,译.上海:上海三联书店,1994:前言;34;113.

[2][3][204][212]雷蒙德·W·戈德史密斯(1969).金融结构与金融发展[M].上海:上海三联书店,上海人民出版社,1994:41;42.

[4][131]LIVESAY H C, PORTER G. The financial role of merchants in the development of U.S. manufacturing,1815 - 1860[J]. Journal of Business Venturing, Spring 1987,2(2):167 - 184.

[5][205][211]RAJAN R G, ZINGALES L. Financial Dependence and Growth[J]. The American Economic Review, 1998,88(3):559 - 586.

[6]FISMAN R, LOVE I. Financial Development And Growth in The Short and Long Run[R]. nber working paper,2004 10236.

[7]WANG E C. A dynamic two - sector model for analyzing the interrelation between financial development and industrial growth[J]. International Review of Economics and Finance 2000, 9:223 - 241.

[8]KLETZER K, BARDHAM P. Credit markets and patterns of international trade[J]. Journal of Development Economics,1987, 27:57 - 70.

[9]BECK T. Financial development and international trade: Is there a link? [J]. Journal of International Economics,2002,57:107 - 131.

[10][206]SVALERY H, VLACHOS J. Financial markets, the pattern of industrial specialization and comparative advantage: Evidence from OECD countries[J]. European Economic Review ,2005,49: 113 - 144.

[11]罗纳德·麦金农(1973).经济发展中的货币与资本[M].上海:上海三联出版社,1991.

[12]爱德华·肖(1973).经济发展中的金融深化[M].上海:上海三联出版社,1991.

[13]KAPUR B. Alternative stabilization policies for less - developed economies[J]. Journal of Political Economy,1976,84(4):777 - 795.

[14]MATHIESON D. Financial reform and stabilization policy in a developing economy[J]. Journal of Development Economics,1980,7(3):359 - 395.

[15] FRY M. Models of financially repressed developing economies[J]. World Development, 1982, 10(9):731 - 750.

[16] CESAR C, LIU L. The direction of causality between financial development and economic growth[J]. Journal of Development Economics 2003,72:321 - 334.

[17] NAZMI N. Deregulation, financial deepening and economic growth: The case of Latin America [J]. The Quarterly Review of Eonomics and Finance,2005,45:447 - 459.

[18] CUNADO J, BISCARRI J, DEGRACIA F P. Changes in the dynamic behavior of emerging market volatility: Revisiting the effects of financial liberalization[J]. Emerging Markets Review,2006, 7: 261 - 278.

[19] 黄静茹. 金融约束与金融有序发展[M]. 北京:首都经济贸易大学出版社, 2005:11 - 14.

[20][87] GUHA - KHASNOBIS B, BHADURE S N. A hallmark of India's new economic policy: deregulation and liberalization of the financial sector[J]. Journal of Asian Economics, 2000, 11, 333 - 346.

[21][88] TADISSE S. Financial Architecture and Economic Performance :International Evidence [J]. Journal of Financial Intermediation, 2002, Ⅱ:429 - 454.

[22] HONDA E. Financial deregulation in Japan[J]. Japan and the World Economy, 2003, 15: 135 - 140.

[23][94] ERGUNGOR O E. Market - vs. bank - based financial systems: Do rights and regulations really matter? [J]. Journal of Banking &Finance,2004, 28:2869 - 2887.

[24][95] NDIKUMANA L. Financial development, financial structure, and domestic investment: International evidence[J]. Journal of International Money and Finance, 2005, 24: 651 - 673.

[25] 华桂宏,成春林. 金融约束政策批判[J]. 江海学刊,2004(6):63 - 66.

[26][135][147][193] 富兰克林·艾伦,道格拉斯·盖尔. 比较金融系统[M]. 王晋斌,朱春燕,丁新娅等,译. 北京:中国人民大学出版社,2002:335;313;205 - 238.

[27] LEVINE R. Financial development and economic growth: views and agenda[J]. Journal of Economic literature,1997,June 688 - 726.

[28] WURGLER J. Financial Markets and the Allocation of Capital[J]. Journal of Financial Economics, 2000,58:187 - 214.

[29] 伍海华,张旭. 经济增长·产业结构·金融发展[J]. 经济理论与经济管理,2001(3):11

-16.

[30]林毅夫,章奇,刘明兴.金融结构与经济增长:以制造业为例[J].世界经济,2003(1):3-21.

[31]杨琳,李建伟.金融结构转变与实体经济结构升级[J].财贸经济,2002(2):9-13.

[32]范方志,张立军.中国地区金融结构转变与产业结构升级研究[J].金融研究,2003(11):36-48.

[33]沙虎居.产业结构调整中的金融支持——以浙江为例[J].求索,2005(9):32-34.

[34]蒲祖河.民间金融发展与产业结构变迁的实证研究[J].温州大学学报,2005(4):22-27.

[35]陈建国,杨涛.中国对外贸易的金融促进效应分析[J].财贸经济,2005(1):83-86.

[36]米建国,李建伟.我国金融发展与经济增长关系的理论思考与实证分析[J].管理世界,2002(4):23-30.

[37]曾国平,王燕飞.中国金融发展与产业结构变迁[J].财贸经济,2007(8):12-19.

[38]谢家智,魏忠海.论促进农村产业化发展的金融改革[J].重庆社会科学,2004(3/4):18-21.

[39]肖虹.中国产业技术创新投入产出特点检验:1999-2004[J].财经研究,2007(4):52-61.

[40]韩立岩,蔡红艳,郄冬.基于面板数据的中国资本配置效率研究[J].经济学(季刊),2002,1(3):541-552.

[41]姚战琪.金融服务业产业关联度的比较研究[J].产业经济研究,2005(5):35-42.

[42]何志强.转型期我国工业发展的资本结构与产业绩效[J].改革,2007,6:31-37.

[43]韩太祥.金融服务与经济增长——服务业视角的研究[R].北京:经济管理出版社,2007:15-25.

[44]李敬,冉光和,温涛.金融影响经济增长的内在机制-基于劳动分工理论的分析[J].金融研究,2007(6):80-99.

[45]李江.金融发展学[M].北京:科学出版社,2005:84.

[46]BENCIVENGA V R, SMITH B D. Financial Intermediation and Endogenous Growth[J]. Review of Economic Studies,1991,58:195-209.

[47]DUTTA J, KAPUR S. Liquidity Preference and Financial Intermediation[J]. Review of Economic Studies,1998,65(3):551-572.

[48]DIAMOND W, DYBVIG P H. Bank runs, deposit insurance, and liquidity[J]. Journal of Political Economy, 1983,91(3): 401 - 19.

[49]GREENWOOD J, JOVANOVIC B. Financial development, growth and distribution of income [J]. Journal of Political Economy,1990,98(5):1076 - 1107.

[50] KING R, LEVINE R. Finance, entrepreneurship and growth, theory and evidence[J]. Journal of Monetary Economics, 1993,32:513 - 542.

[51]OBSFELD M. Risk - taking, global diversification, and growth[J]. American Economic Review, 1994,84(5):1310 - 29.

[52]SAINT-PAUL. Technological choice, financial markets and economic development[J]. European Economic Review, 1992,36(4): 763 - 81.

[53]BOOT A, THANKOR A. Financial System Architecture[J]. The Review of Financial Studies, 1997,10(3):693 - 733.

[54][148]GREENWOOD J, SMITH B D. Financial Markets in Development and the Development of Financial Market[J]. Journal of Economic Dynamics and Control, 1997, Vol. 21:145 - 181.

[55]SILBER W. Towards a theory of financial innovation[M]. In W. Silber (ed.), Financial Innovation, D. C. Heath, Lexington, 1975, MA,53 - 85.

[56]PODOLSKI T M. Financial innovation and the Money Supply[P]. Basil Blackwell, Oxford, New York. 1986.

[57]KANE E J. Good intentions and unintended evil[J] Journal of Money , Credit and Banking, 1977,February: 55 - 69.

[58]MILLER M H. Financial innovation: the last twenty years and the next[J]. Journal of Consumer Research, 1986,3:31 - 41.

[59]HOLLAND R C. Speculation on future innovation: implications for monetary control[M]. In W. Silber(ed), Financial Innovation, D. C. Heath, Lexington, 1975,MA, 159 - 171.

[60]Ross,S. A. Institutional markets, financial marketing, and financial innovation[J]. Journal of Finance 1989,44(3):541 - 56.

[61]ALLEN F, GALE D. Arbitrage, short sales, and financial innovation[J]. Econometrical 1991,59: 1041 - 68.

[62][136][223]FINNERTY J D. An overview of corporation securities innovation[J]. Journal of

Applied Corporate Finance 1993,4: 23 - 29.

[63]GREENBAUM S, HEYWOOD C. Secular change in the financial services industry[J]. Journal of Money, Credit, And Banking ,1973,5, 571 - 603.

[64]DESAI M, LOW M. Measuring the opportunity for product innovation [C]. In M. de Cecco (ed), Changing Money: Financial Innovation in Developed Countries. Basil Blackwell, Oxford, 1987:112 - 140.

[65][137]VANHORN J C. Of financial innovations and excesses [J]. The Journal of Finance, 1985, 15:621 - 631.

[66][83][138]菲利普·M,尼达尔· S.金融创新[M].冯健,杨娟,张玉仁等,译.北京:中国人民大学出版社,2003:50;51.

[67]MERTON R C. Financial innovation and the management and regulation of financial institutions [J]. Journal of Banking & Finance ,1995,19:461 - 481.

[68]ARRAU P,GREGORIO J, REINHART C M, WICKHAM P. The demand for money in developing countries: Assessing the role of financial innovation[J]. Journal of Development Economics, 1995,46:317 - 340.

[69]GLENNON D, LANE J. Financial innovation, new assets, and the behavior of money demand [J]. Journal of Banking & Finance, 1996,20:207 - 225.

[70]DYNAN K E, ELMENDORF D W, SICHEL D E. Can financial innovation help to explain the reduced volatility of economic activity? [J] . Journal of Monetary Economics ,2006,53: 123 - 150.

[71]WACHTER J A. Comment on: Can financial innovation help to explain the reduced volatility of economic activity? [J]. Journal of Monetary Economics, 2006,53:151 - 154.

[72]BASAK S, CROITORU B. International good market segmentation and financial innovation [J]. Journal of International Economics ,2007,71:267 - 293.

[73]武汉金融研究中心课题组.金融工程与金融效率相关问题研究[J].财贸经济,1999(9): 32 - 37.

[74]陈子季.金融创新的宏观效应分析[J].金融研究,2000(5):20 - 28.

[75]李雪莲.金融衍生品市场十年回顾分析[J].南开经济研究,2001(3):22 - 26.

[76]王爱俭.金融创新与中国虚拟经济发展研究[J].金融研究,2002(7):69 - 75.

[77]王春峰,张维,王士庄.金融创新的未来趋势及其影响[J].经济学动态,1998(5):53 -

56.

[78]王元龙.国际银行业发展的新潮流与我国的抉择[J].经济学动态,1999(11):61-67.

[79]钱小安.金融业务综合化对货币、利率的影响[J].金融研究,2003(5):24-35.

[80]吉卫民,常浩.分业经营与综合经营的成本效应分析[J].金融研究,2000(10):53-59.

[81]席涛.复杂的市场细致的变法 漫长的改革——美国66年金融体制演变的启迪[J].国际经济评论,2005(9-10):22-25.

[82]庄宗明,刘湘玫.国际金融业混业经营趋势的经济学分析[J].经济学动态,2005,2:31-34.

[84]李义奇.金融发展与金融制度变迁[J].郑州大学学报(哲学社会科学版),2005,3:134-137.

[85]张杰.中国国有银行的资本金谜团[J].经济研究,2003(1):30-36.

[86]王景武.金融发展与经济增长:基于中国区域金融发展的实证分析[J].财贸经济,2005(10):23-26.

[89][171]LA PORTA R, LOPEZ-DE-SILANES F, ANDREI S, ROBERT W. Vishny. Law and Finance[J]. Journal of Political Economy, 1998,106:1113-1155.

[90][172]PISTOR K, RAISER M, GELFER S. Law and Finance in Transition Economies[J]. The Economics of Transition, 2000, 8:325-368.

[91]BERKOWITZ D, PISTOR K, RICHARK J. Economic Development,Legality, and the Transplant Effect[J]. European economic Review, 2002.47:147-180.

[92]DEMIRGUC-KUNT A, MAKSIMOVIC V. Law, Finance and Firm Growth[J]. The Journal of Finance, 1998,53(6):2107-2137.

[93]BECK T, LEVINE R, LOAYZA N. Financial and the Source of Growth[J]. Journal of Financial Economics,2000,58:261-300.

[96]曾康林.试论法与金融风险[J].财贸经济,2005(12):10-13.

[97]谈儒勇,吴兴奎.我国各地金融发展差异的司法解释[J].财贸经济,2005(12):14-17.

[98]韩文霞.论金融结构的法律制度建设对经济增长的影响[J].南开经济研究,2002(5):75-80.

[99]徐艳.我国金融市场的金融伦理冲突与矛盾[J].财贸经济,2003(10):50-53.

[100]刘勇,李琪琦.国家经济伦理与国有商业银行改革[J].财经科学,2005(1):17-21.

[101]刘锡良,曾欣.中国金融体系的脆弱性与道德风险[J].财贸经济,2003(1):25-32.

[102]刘丰.金融创新对国际金融法的挑战[J].兰州学刊,2005(3):166-167.

[103]BLUM J, HELLWIG M. The Macroeconomic Implications of Capital Adequacy Requirements for Banks[J]. European Economic Review ,1995,39:739-7491.

[104]HOLMSTROM B, TIROLE J. Financial Intermediation ,Loanable Funds, and the real Sector [J]. Quarterly Journal of Economics,1997,112:663-6911.

[105]DIAMOND D, RAJAN R. A Theory of Bank Capital[J]. The Journal of Finance ,2000,55: 2431-24651.

[106]CHAMI R, COSIMANO T. Monetary Policy with a Touch of Basel[R]. IMF Working Paper No1,2001.

[107]TANAKA M. The Macroeconomic Implications of the New Basel Accord[M]. CESIfO Economics Studies,2003,49:217-2321.

[108]KENNETH J K, VANHOOSE D. A model of the monetary sector with and without binding capital requirements[J]. Journal of Banking & Finance 2004,28:633-646.

[109]CHIURI M C, FERRI G, MAJNONI G. The macroeconomic impact of bank capital requirements in emerging economies: Past evidence to assess the future[J]. Journal of Banking & Finance 2002,26:881-904.

[110]MONTGOMERY H. The effect of the Basel Accord on bank portfolios in Japan[J]. J. Japanese Int. Economies 2005,19:24-36.

[111]赵锡军,王胜邦.新资本协议对商业银行信贷运行的影响——兼论其宏观经济效应[J].国际金融研究,2006(2):36-42.

[112]刘斌.资本充足率对信贷、经济及货币政策传导的影响[J].金融研究,2005(8):10-22.

[113]刘斌.资本充足率对我国贷款和经济影响的实证研究[J].金融研究,2005(11):18-30.

[114]吴栋,周建平.资本要求和商业银行行为:中国大中型商业银行的实证分析[J].金融研究,2006(8):144-153.

[115]吴俊,张宗益,徐磊.资本充足率监管下的银行资本与风险行为——《商业银行资本充足率管理办法》实施后的实证分析[J].财经论丛,2008(3):36-42.

[116]陈忠阳.风险的国际协议与国际协议的风险——评巴塞尔新资本协议正式出台[J].国际金融研究,2004(8):4-10.

[117]艾姆登.经济体制[M].上海:上海三联书店,1987:前言.
[118]白钦先.金融可持续发展研究导论[M].北京:中国金融出版社,2000.
[119]周小川.法制金融生态[J].中国经济周刊,2005(3):11.
[120]张杰.中国金融成长的经济分析[M].北京:中国经济出版社,1995.
[121]范.德.沃德.乡村史系学报与荷兰乡村史的研究[J].欧洲经济史杂志,1971,31(1):236.
[122]德.弗雷斯.黄金时代荷兰的乡村经济 1500-1700[J].经济史杂志,1971,31(1):266-267.
[123][207]王广谦.经济发展中金融的贡献与效率[M].北京:中国人民大学出版社,1997:48.
[124]马克思.资本论[M].北京:人民出版社,1971,3:681.
[125]唐晋.大国崛起[M].北京:人民出版社,2006:126.
[126]陈勇.商品经济与荷兰近代化[M].武昌:武汉大学出版社,1990:43;36;70;81;40;187.
[127]威尔逊.荷兰的经济衰落[J].经济史评论,1939,9(2):117-118.
[128]马克思恩格斯选集[M].北京:人民出版社,1972,2:256.
[129][法]米歇尔.博德.资本主义史 1500-1900[M].吴艾美,译.北京:东方出版社,1986:20.
[130][239]约翰.S.戈登.伟大的博弈[M].祁斌,译.北京:中信出版社,2005:16.
[132][133][134][240][241]H.N.沙伊贝,H.G.瓦特,H.U.福克钠.近百年美国经济史[M].彭松建,译.北京:中国社会科学出版社,1983:95;44;112;435;437.
[139][日]中村隆英.近代日本经济发展[M].史作政,译.北京:知识出版社,1987:15.
[140]矢野恒太纪念会编.日本 100 年[G],司楚,瞭祖,译.北京:时事出版社,1984:460-461.
[141]冯维江,何帆.日本股市与房地产泡沫起源及崩溃的政治经济解释[J].世界经济,2008,1:3-12.
[142][143][日]铃木淑夫.现代日本金融论[M].徐笑波,译.上海:上海三联出版社,1991:76;80.
[144]《国际统计年鉴》,2003.
[145]徐奇渊,李婧.国际分工体系视角的货币国际化[J].世界经济,2008,2:30-39.
[146]孙景超,张舒英.萧条与复苏冷战后的日本经济[M].北京:社会科学文献出版社,1998:

236,270－273.

[149]白钦先,谭庆华.论金融功能演进与金融发展[J].金融研究,2006(7):41－52.

[150]约翰·G.格利,爱德华·S.肖.金融理论中的货币[M].贝多广,译.上海:上海三联书店,上海人民出版社,1994:12.

[151]马克思恩格斯全集.北京:人民出版社,1972,26(Ⅱ):598.

[152][153][154]马克思恩格斯全集.北京:人民出版社,1972,23:635;649－650;688.

[155]王学峰.金融资产定价与普通商品定价的比较研究[J].中央财经大学学报,2008(3):28－32.

[156][157][158][美]John C. Hull.期权、期货和其他衍生产品[M](第三版).张陶伟,译.北京:华夏出版社,2000:215－217,264－267;264.

[159]列宁选集[C].北京:人民出版社,1975,2:769.

[160][162]郑文平,苟文均.中国产融结合机制研究[J].经济研究,2000(3):47－51.

[161]邵平,秦龙,孔爱国.商业银行对产业发展的催化－－来自中国的证据(1991－2006)[J].金融研究,2007(12):113－124.

[163][247]张杰.中国金融改革的检讨与进一步改革的途径[M].经济研究,1995(5):3－10.

[164]李玉兰,王振山.中国产融资本融合发展的形式与现实意义[J].中国金融,2007(2):55－56.

[165]刘骏民,伍超明.虚拟经济与实体经济关系模型[J].经济研究,2004(4):60－69.

[166]刘海虹.人民币汇率制度安排的产权经济学分析[M].北京:中国经济出版社,2001:30.

[167][170][219][美]Y.巴泽尔.产权的经济分析[M].费方域,段毅才,译.上海:上海三联书店,上海人民出版社,1997:2;74;101.

[168][南]S.平乔维奇.产权经济学[M].蒋琳琦,译.北京:经济科学出版社,1999:28－29.

[169][美]哈罗德·德姆塞茨.所有权、控制与企业[M].段毅才,译.北京:经济科学出版社,1999:129－130.

[173]理查德·A·波斯纳.法律的经济分析[M].北京:中国大百科全书出版社,1997:15.

[174]柯武刚,史漫飞.制度经济学[M].韩朝华,译.北京:商务印书馆,2000:3.

[177]黄文平.信用短缺与政府责任[J].经济评论,2002(5):26－29.

[178][226]孙早,刘靠柱.声誉约束、国家强制与企业的交易行为[J].经济社会体制比较,2005(4):37－45.

[179][185]江畅.幸福之路——伦理学启示录[M].武汉:湖北人民出版社,1999:228.

[180]吴刚.康德的自律理论对中国银行业监管的启示[J].经济评论,2006(2):120-124.

[181]吴付科,胡适耕,曾宪初.社会地位对宏观经济变量的动态影响--基于两部门搜索均衡模型的研究[J].数量经济技术经济研究,2007(8):109-118.

[182]戴维·罗默.高级宏观经济学[M].苏剑,罗涛,译.北京:商务印书馆,1999:611-622.

[183][日]明和太郎.经济与文化[G].高增杰,郝玉珍,译.北京:中国经济出版社,1987:43.

[184]李敬.经济法学词典[G].沈阳:辽宁人民出版社,1986:465-466.

[186][美]米尔顿·弗里德曼.货币的祸害——货币史片段[M].安 佳,译.北京:商务印书馆,2006:14.

[187]MISHKIN F. Understanding financial Crises: A Developing country Perspective[C]. In Annual World Bank Conference on Development Economics 1996. Washington, D. C.: International Bank for Reconstruction and Development, 1997:29-61.

[188]KAMINSKY G, REINHART C. Banking and Balance-of-Payments Crises: Models and Evidence[R]. Working paper, Board of Governors of the Federal Reserve, Washington., D. C., 1996.

[189]WEIL P. Confidence and the Real value of Money in an Overlapping Generations Economy [J]. Quarterly Journal of Economics, 1987, 102:1-22.

[190]孙少勤,邱斌.给予监管视角的美国次贷危机成因分析及其对我国的启示[J].国际贸易,2008(11):54-57.

[191]刘明康.从美国次级房贷的教训看我国金融创新和开放[J].国际金融,2008(1):4-9.

[192]廖岷.从美国次贷危机反思现代金融监管[J].国际经济评论,2008(7-8):38-41.

[194]张谊浩,陈柳钦.国际货币体系的内生性不稳定分析[J].现代国际关系,2003(12):24-30.

[195]邓力群.当代中国经济[M].北京:中国社会科学出版社,1987:187.

[196]卢荻.变革性经济增长[M].北京:经济科学出版社,2001.

[197][202]张新.中国经济的增长和价值创造[M].上海:上海三联书店,2003:79-128.

[198]张杰.何种金融制度安排更有利于转轨中的储蓄动员与金融支持[J].金融研究,1998(12):14-21.

[199]张杰.中国的货币化进程、金融控制及改革困境[J].经济研究,1997(8):20-25.

[200]张杰.经济变迁中的金融中介与国有银行[M].北京:中国人民大学出版社,2003:209-

227.

[201]卢峰,姚洋.金融压抑下的法制、金融发展和经济增长[J].中国社会科学,2004(1):42-55.

[203]吴晓求.全球视野下的中国资本市场:跨越式发展与政策转型[J].财贸经济,2008(4):5-10.

[208]何德旭,王朝阳.金融服务与经济增长:美国的经验及启示[J].国际经济评论,2005(3-4):33-37.

[209]韩立岩,王哲兵.我国实体经济资本配置效率与行业差异[J].经济研究,2005(1):77-84.

[210]蔡红艳,阎庆民.产业结构调整与金融发展——来自中国的跨行业调查研究[J].管理世界,2004(10):79-84.

[213][215]刘士余,王辰华.中国经济货币化进程:动态演进及实证解说[J].金融研究,2005(3):38-49.

[214]张杰.中国的高货币化之谜[J].经济研究,2006(6):59-69.

[216]GERSCHENKRON A. Economic Backwardness in Historical Perspective - A Book of Essays, Cambridge[G]. Harvard University Press,1962,14-15,354.

[217]孔凡保.金融系统初始条件、后发优势与工业化模式选择[J].国外社会科学,2006(3):54-59.

[218]曹亮.先发优势与后发优势[J].财贸经济,2007(3):24-28.

[220]张杰. 制度、渐进转轨与中国金融改革[G]. 北京:中国金融出版社,2001:133.

[221]王广谦.金融改革:"转型"与"定型"的现状与未来[J].金融研究,2008(1):17-28.

[222]胡滨,全先银. 法治视野下的中国金融发展——中国金融法治化进程、问题与展望[J].财贸经济,2009(5):12-17.

[224]单豪杰,马龙官.国际金融中心的形成机制——理论解释及一个新的分析框架[J].世界经济研究, 2010(10) :28-34.

[225]胡炳志,王兵.论市场惩戒机制在金融体系风险控制中的作用[J].经济评论,1999(6):85-89.

[227]吴胜.民间金融的存在与发展:一个供给的视角[J].上海金融学院学报,2008(3):17-22.

[228]王松奇.中国金融体系的显存问题及对策[N].华夏时报,2008-4-5(25).

[229]金禾.国际金融市场“银行保险一体化”趋势分析[J].国际金融研究，1996,12 :15 - 17.

[230]道格拉斯.C.诺思.经济史上的结构和变革[M].北京:商务印书馆,1992:15.

[231]毛寿龙.中国政府功能的经济分析 [M].北京:中国广播电视出版社,1996:19 - 21.

[232]朱宪辰,章平.具体制度安排与契约立宪规则发生、变化的理论分歧——基于个体认知和知识演化的制度变迁解释[C]//制度经济学研究,第八辑,黄少安主编.北京:经济科学出版社,2005,6:2.

[233]王海龙.政治交易成本理论的新进展[D].制度经济学研究,第十二辑,黄少安主编.北京：经济科学出版社,2006,7:173 - 183.

[234]刘和旺.诺思制度变迁的路径依赖理论新发展[J].经济评论,2006,2:64 - 68.

[235][236][237]冯·哈耶克.哈耶克论文集[M].邓正来,选编译.北京:首都经济贸易大学出版社,2001:124;125;12

[238]冯涛,史恩义.汇率形成机制中的政府因素分析[J].社会科学辑刊,2008(5):105 - 109.

[242]藏慧萍.美国金融监管制度的历史演变[M].北京:经济管理出版社,2007:6.

[243]克拉夫,马伯格.美国文化的经济基础[M].仲子,叶苍译.上海:三联书店,1989:5.

[244]张杰.中国银行制度改革的经济分析[J].财贸经济,1994(2):12 - 17.

[245]张杰.重新认识中国的国有金融体制及其变迁过程[J].金融体制改革,1997(12):12 - 25.

[246]张杰.中国金融改革具有自身的逻辑[N].新闻报 1998 - 4 - 13(7).

[248]贾玉革.货币市场结构变迁的效应分析[M].北京:中国人民大学出版社,2006:164 - 165.

[249]刘林.股权融资偏好模型分析与治理改进设计[J].金融研究,2006(10):49 - 64.

[250]韩立岩,李燕平.中国上市银行特许权价值与风险行为[J].金融研究,2006(12):82 - 91.

[251]何德旭,姚战琪.中国金融服务业的产业关联分析[J].金融研究,2006(5):1 - 15.

[252]李丽.公司债券市场的强制担保要求和投资者定位[J].金融研究,2006(3):67 - 75.

[253]丁宏术,王艳平.我国股票市场运行中的政府行为研究[J].特区经济,2008,5:114 - 117.

后　记

本书是在我的博士论文基础上修改而成的。在博士论文完成后的一年多时间里，我对论文进行了认真的修改，重组了论文的结构，补充了部分内容。在即将出版之际，衷心感谢所有给予我无私帮助的老师、同学、同事、亲人以及出版社的编辑们！

首先感谢我的导师冯涛教授。在论文的选题、写作、修改和定稿过程中，冯老师付出了太多的精力。每一个环节都得到了冯老师的辛勤指导和无私帮助，每一点进步都包含着冯老师的心血。能够成为冯老师的入门学生，是我的幸运。冯老师高尚的人格魅力和严谨的治学精神是我终身追求的目标之一。从导师的身上我学到了为学之道和对学生的关爱之情，也领悟到老师对社会政治经济的敏锐观察和对学术的追求与执著。

感谢李国平教授、余力教授、李富有教授、周好文教授、王晓芳教授在学位论文开题、预答辩和完成论文过程中给予的指导和帮助，他们提出的观点、建议使我受益匪浅。感谢我工作单位的领导和同事在我论文写作过程中给予的大力支持和帮助。

感谢师兄弟张国强、马德林、赵会玉、宋艳伟等在资料收集和论文讨论中的建议和帮助以及在我写作过程中给予的鼓励；感谢博士生同学杨涛、包卫军、倪志凌、王菁、于慧君等的帮助，与他们的交流和探讨给予我很多启发。

感谢我的家人。为了我安心学习，他们为我提供了最大的便利和莫大的支持。

特别感谢西安交通大学经济与金融学院为我的学习和写作提供了良好的环境和学术氛围。

作者

2011 年 3 月